Gilbert T. Safotso

Pour Mieux Comprendre nos Rites et Coutumes

Gilbert T. Safotso

Pour Mieux Comprendre nos Rites et Coutumes

Recueil d'Initiation

Presses Académiques Francophones

Impressum / Mentions légales
Bibliografische Information der Deutschen Nationalbibliothek: Die Deutsche Nationalbibliothek verzeichnet diese Publikation in der Deutschen Nationalbibliografie; detaillierte bibliografische Daten sind im Internet über http://dnb.d-nb.de abrufbar.
Alle in diesem Buch genannten Marken und Produktnamen unterliegen warenzeichen-, marken- oder patentrechtlichem Schutz bzw. sind Warenzeichen oder eingetragene Warenzeichen der jeweiligen Inhaber. Die Wiedergabe von Marken, Produktnamen, Gebrauchsnamen, Handelsnamen, Warenbezeichnungen u.s.w. in diesem Werk berechtigt auch ohne besondere Kennzeichnung nicht zu der Annahme, dass solche Namen im Sinne der Warenzeichen- und Markenschutzgesetzgebung als frei zu betrachten wären und daher von jedermann benutzt werden dürften.

Information bibliographique publiée par la Deutsche Nationalbibliothek: La Deutsche Nationalbibliothek inscrit cette publication à la Deutsche Nationalbibliografie; des données bibliographiques détaillées sont disponibles sur internet à l'adresse http://dnb.d-nb.de.
Toutes marques et noms de produits mentionnés dans ce livre demeurent sous la protection des marques, des marques déposées et des brevets, et sont des marques ou des marques déposées de leurs détenteurs respectifs. L'utilisation des marques, noms de produits, noms communs, noms commerciaux, descriptions de produits, etc, même sans qu'ils soient mentionnés de façon particulière dans ce livre ne signifie en aucune façon que ces noms peuvent être utilisés sans restriction à l'égard de la législation pour la protection des marques et des marques déposées et pourraient donc être utilisés par quiconque.

Coverbild / Photo de couverture: www.ingimage.com

Verlag / Editeur:
Presses Académiques Francophones
ist ein Imprint der / est une marque déposée de
OmniScriptum GmbH & Co. KG
Heinrich-Böcking-Str. 6-8, 66121 Saarbrücken, Deutschland / Allemagne
Email: info@presses-academiques.com

Herstellung: siehe letzte Seite /
Impression: voir la dernière page
ISBN: 978-3-8416-3253-1

Copyright / Droit d'auteur © 2015 OmniScriptum GmbH & Co. KG
Alle Rechte vorbehalten. / Tous droits réservés. Saarbrücken 2015

TABLE DES MATIERES

AVANT- PROPOS	ii
LA CELEBRATION DE NAISSANCE	1
LA CEREMONIE DES JUMEAUX (NTE MHAG)	3
LE TITIE	8
LE KOU'OP	10
LE TSEKE	11
LE DJE	14
LE GHIENG	17
LE NDO	18
LE NGOP MBEM	20
LE SOUA	22
LE CHƏP	25
LE MVENIE	28
LE NOUE NGOUE	29
LE SOCK NCHIE	32
LE TA NKAP'	34
LE MARIAGE COUTUMIER	36
L'OCCUPATION DE TABOURET OU ''TCHOUE KOU O''	41
LE NTCHIE	46
LE VEUVAGE	48
LE MESSOH	53
L E Kè'	60
LA CEREMONIE D'INTRONISATION	65
GLOSSAIRE	70
BIBLIOGRAPHIE	73

AVANT- PROPOS

Il est assez courant d'assister au spectacle écœurant d'un jeune Camerounais qui, à la salutation, aux compliments ou aux conseils d'un grand parent ou d'un proche parent en langue locale, demande à ses parents ou à d'autres jeunes qui connaissent cette langue : « Que dit-il ? ». Ce spectacle est parfois plus désolant parce que bien de parents eux mêmes ne connaissent pas ces langues, et certains jeunes ignorent jusqu'à leur village d'origine. Leur parler de la culture de leur ethnie serait tout simplement leur raconter des histoires d'outre- tombe. La grande question qui se pose est donc de savoir à qui incombe le tort. Il revient au premier chef aux parents qui refusent de parler leur langue à leurs enfants parce qu'ils la trouvent rébarbative et sans intérêt. En deuxième lieu, ce tort incombe aux jeunes qui, pour la plupart, rejettent systématiquement nos langues nationales, malgré l'effort que certains parents y consacrent. Enfin, il revient au gouvernement qui, sur ce plan, sous prétexte de ne pas briser l'unité nationale, a jusqu'ici fait trop peu pour la promotion de ces langues. Sur les ondes de nos stations de radio régionales et communautaires, des efforts louables sont faits dans le sens de la pérennisation de nos langues et cultures, mais ils restent très insuffisants. L'enseignement de ces langues et cultures dans nos lycées et universités, qui commence déjà à prendre corps, est peut-être la voie d'issue qui permettra de sauver ce qui en reste encore. Mais, l'un des premiers préalables dans la réussite de ce projet, c'est d'abord le recueil et la codification de ces langues et cultures, afin de donner matière à enseigner.

Cet opuscule a pour intention de présenter quelques uns des rites et coutumes du peuple Bandjoun, dynamique village des hauts plateaux Bamiléké de l'Ouest Cameroun. Véritables Etats-Unis du pays Bamiléké de par les origines diversifiées des peuples qui le composent, Bandjoun regorge l'essentiel des rites et coutumes pratiqués çà et là dans les différents villages de la Région de l'Ouest du Cameroun. En effet, son histoire révèle que, depuis sa création, ce village a été toujours une terre d'asile pour beaucoup d'autres Bamiléké persécutés dans leurs villages d'origine. Cette histoire nous apprend aussi que, à l'origine, une bonne partie de la population Bandjoun était constituée d'esclaves capturés ou achetés lors des multiples expéditions guerrières, d'où l'étymologie du nom de ce village : « Goung a' Njɔ̀ », c'est-à-dire village des gens qu'on a achetés. Chacun ou chaque groupe s'y installait donc avec ses us et coutumes. C'est pourquoi, certains rites décrits dans ce livre seraient parfois mieux compris par les populations des départements du Ndé, du Noun, des Bamboutos, etc. que par certains Bandjoun eux-mêmes.

Afin de permettre une meilleure compréhension de chaque rite ou coutume décrit, des efforts ont été faits pour situer leur origine -si possible-, dire pourquoi et comment ils sont pratiqués, et s'ils ont encore cours.

Etant donné le caractère essentiellement oral de cette culture, certains détails pourraient manquer à certains rites et coutumes décrits. Mais cet ouvrage, comme les précédents depuis une vingtaine d'années, ne constitue qu'une étape dans la compréhension de nos pratiques millénaires.

G. T. Safotso

LA CELEBRATION DE NAISSANCE

Comme dans toutes sociétés organisées, quand un enfant naît à Bandjoun, après lui avoir administré le Todjom*, son arrivée est fêtée au sein de la famille. Tout enfant premier né donne lieu à une cérémonie spéciale.

Lorsqu'il paraît, sa présence est signalée dans la concession paternelle par le 'Pfe'. Il s'agit des ignames, des calebasses, des paniers (Kack no'), que les parents de l'enfant distribuent aux hommes et femmes de la concession. En retour, ces hommes et femmes donnent du sel, de l'huile et du bois pour préparer à manger à la mère de l'enfant appelée 'Meve'. Toute femme qui vient d'accoucher est ici entourée des soins très spéciaux.

Trois Kack no' superposés

Tout homme ou toute femme du village qui vient voir l'enfant, n'arrive jamais les mains vides. Les hommes apportent des fagots de bois ou de l'huile, et les femmes apportent du maïs en grains ou écrasé, de la banane, du 'Kui' ou des ignames. Les gens qui viennent de la ville apportent généralement du savon. Les femmes et les filles du quartier, de la famille et de la belle-famille de la 'Meve' lui préparent des repas à longueur de jour, et en profitent aussi pour manger à leur faim. Elles lui préparent principalement du couscous de maïs accompagné de 'Kui' (sorte de sauce gluante fortement épicée), des pilés de banane, de pomme de terre, d'igname séchée, de macabo ou de haricot. Ces mets sont complétés avec d'autres plus courants. Bref, la femme qui vient d'accoucher ne doit pas travailler pendant au moins trois mois. Mais en retour, elle doit manger en quantité abondante, car seul son embonpoint au terme de cette période spéciale témoignera de la capacité de sa famille à entretenir une 'Meve'.

Le 'Pfe' est actuellement moins pratiqué dans la plupart des familles du fait de l'égoïsme des uns et de la pauvreté des autres. Mais l'entretien de la 'Meve' est encore largement pratiqué dans la majorité des familles quand bien même la femme qui vient d'accoucher habite la ville. Le rite 'Kou'op' ou 'Titie' est alors exécuté au cours de cette même période.

LA CEREMONIE DES JUMEAUX (NTE MHAG)

A Bandjoun celui ou celle qui a accouché des jumeaux a un statut particulier. Loin d'être un tabou ou des gens maudits, le père et la mère des jumeaux méritent respect et considération. Le père est appelé "Tékù" et la mère "Mékù" dès le jour où les jumeaux naissent, et seront ainsi appelés tout le reste de leur vie. Etant donné le caractère sacré des jumeaux ici, ceux-ci et leurs parents subissent un rite d'initiation avant d'entrer dans le grand cercle des Mtékù* et Mmékù* du village : cela s'appelle " Nté mhag"

Cette cérémonie dure quatre jours au total et comporte plusieurs étapes. Elle est d'autant complexe que certains parents de jumeaux l'ayant déjà subie sont incapables de vous dire réellement comment elle se passe. Commençons par les jumeaux nés vivants.

Lorsque les jumeaux naissent vivants, leurs parents sont libres d'engager leur cérémonie d'initiation à tout moment. Mais étant donné le coût élevé de cette cérémonie, beaucoup de Mtékù et Mmékù préfèrent se préparer pendant quelque années avant de l'engager. Entre temps voici comment ils se comportent.

Dès la naissance des jumeaux leurs parents ne peuvent plus partager le même verre de vin avec les parents d'autres jumeaux déjà initiés ; de même ils ne peuvent partager ensemble beaucoup d'autres sortes de nourriture. Bref les Mtékù et Mmékù non encore initiés doivent bien éviter ceux qui le sont. Par ailleurs les bébés jumeaux sont amusés avec le " Kum" acheté par leur père. Il s'agit d'une sorte de double-castagnettes qu'on secoue quand ces enfants pleurent. Le Tékù et la Mékù ne peuvent non plus tuer un serpent et ne le feront plus durant le reste de leur vie ; ils ne peuvent également participer à une danse ou à un deuil avant leur initiation. Il y a aussi certains types de bois à éviter chez la mère des jumeaux (le Kekè par exemple). Dans la famille de Tékù et de Mékù tout le monde porte au cou un fil blanc acheté par Téku ou l'un des siens pour signaler la présence des jumeaux au sein de leur famille. Vient alors le moment de la cérémonie d'initiation.

Tout commence le Tièpfo avec le dressage, du "Tchim" par les "Metchou'o" ou grands magiciens venus du côté de Djiomghouo. Il s'agit d'un grand arc de cercle tissé avec les branches de palmier et dressé à l'entrée principale de la concession et à la porte de Mékù. Cela semble si ordinaire, puisque lors des grandes fêtes ces arcs sont aussi dressés. Mais dans ce cas particulier de "Tchim", les magiciens de Djiomghouo le dressent sur invitation spéciale et moyennant argent, huile, sel, arachides et beaucoup d'autres cadeaux. Avant ce dressage, signalons que les jumeaux sont au préalable annoncés aux reines suivantes à qui l'on donne aussi de gros cadeaux : Mefo Messuck, Mefo Notio, Mefo Nguemgne et Mefo Mogouong. Le "Tchim" se dresse en présence d'un ancien Tékù et Mékù déjà initiés. Ce sont eux qui serviront de parrains durant toute la cérémonie. Dans un couple pauvre, cette étape peut se faire une semaine ou quelques mois avant la cérémonie principale, afin de permettre à Tékù et Mékù de mieux se préparer pour les étapes suivantes, pourvu que le "Tchim" ne tombe pas avant le jour de la cérémonie car c'est sous cet arc que les invités passeront le jour de l'initiation.

Après le "Tchim" le Tièpfo, vient ensuite le jour "J" pour celui qui veut enchaîner toute la cérémonie une fois. Ce jour est le Chiekou'ou. La cour de Tékù où ce rite va être pratiqué est alors entourée de feuilles de claie pour éviter aux non "tékù" et aux parents de jumeaux non initiés de voir ce qui s'y passe. Tous les Mtékù et Mmékù initiés du Djie* auquel appartient le couple à initier sont présents. Autrefois cette cérémonie regroupait tous les parents des jumeaux initiés du village. Beaucoup de vivres et sortes de nourriture sont alors préparées à cet effet, car toute la foule sus-indiquée vient pour manger et emporter beaucoup de vivres tels que l'huile, le maïs, le sel, la poule, le bouc castré, l'arachide, l'argent, etc. Le Tékù et la Mékù invités lors du dressage du Tchim sont les officiers principaux ou parrains. Toute chose ici a son prix, et rien ne se fait pour rien. Une partie des vivres préparés est réservée aux quatre Mefo citées plus haut, à tous les princes et princesses jumeaux et à toutes les Mmékù femmes du Chef Supérieur. Le chef Supérieur se contente d'un fagot de bois qu'on dépose à côté du "Bouondie". Les Mwalà ont droit à un peu de viande de bouc et à une gourde de vin de raphia. Deux Mefo privilégiées, à savoir Mefo Chie et Mefo Kamdom ont aussi droit à la viande de bouc ; une part de la même viande va à la société Djie et à la société Gnie Pofo.

Revenons au rite d'initiation même. Comme déjà évoqué, la cour de Tékù et Méku est entourée de feuilles de claie, et seuls ceux qui sont directement impliqués dans la cérémonie y sont admis. Il s'agit des parents de jumeaux déjà initiés, plus deux aides. Ces aides sont une jeune fille, et un jeune homme mis au service de Tékù et de Mékù. Leur rôle consiste à récupérer le reste de tout ce qu'on aura à donner au couple lors du rite d'initiation. Ils sont alors appelés "petit Tékù" et "petite Mékù". "Petit Tékù" reçoit le reste des plats de Tékù, et petite Mékù le reste de Mékù. Tékù et Mékù sont voilés avant le début de la cérémonie rituelle et reste dans le voile jusqu'à la fin de celle-ci. Ce rite consiste à donner à Tékù et à Mékù par l'intermédiaire des parrains, sept ou neuf fois toutes les sortes de nourriture localement consommée, le clou de la cérémonie étant le mélange d'un peu de viande de bouc rôtie avec du haricot blanc et de l'huile de palme qu'on donne au couple a initier en tout premier lieu. Il s'agit bien de la viande du même bouc castré dont une partie a été réservée aux 'Mwala', à certaines reines (Mefo) et à certaines sociétés secrètes de la chefferie. Cela s'appelle "Tchouop" ou initiation. Tékù et Mékù sont aussi assis sur des tabourets. A la fin de ce rite on pose une poule sur la tête des jumeaux et on prononce quelques incantations. Lorsque la poule vole, l'assistance applaudit et crie que le rite a réussi : cela s'appelle "Nouockgop". Rappelons que toutes les étapes du rite comme celles de toute la cérémonie sont payées. Nous sommes encore bien le 'Chiekou'ou. A la fin de cette journée tous les

Mmékù et les Mtékù présents partagent ce qui leur a été réservé : argent, sel, huile, vivres etc.. Tout ce qu'ils partagent est déposé en sept ou neuf paquets.

Au troisième jour, c'est à dire le Dzedze, leurs parrains les font sortir de la cage (cour entourée de claie) et la détruisent. Autrefois dès la naissance des jumeaux leurs parents entraient voilés dans cette cage et y séjournaient jusqu'au jour où leurs moyens leur permettaient de subir le rite d'initiation.(et cela prenait parfois des années !) Après la destruction de la cage, on enlève le voile de Tékù et lui met un chapeaux rouge ; ensuite on pose une corbeille sur la tête de Mékù, leur porte des bracelets (deux à chacun) faits de fibres des tiges d'ignames aux poignets, et leur fait traverser un cours d'eau. Les cadeaux de la Chefferie y sont transportés aussi le même jour, mais on peut aussi le faire un autre jour. Au soir de Dzedze, si les cadeaux de la Chefferie y ont été transportés ce jour-là, les Mtékù les Mmékù présents organisent une grande danse dont les chants servent à narguer les nouveaux initiés. Voici l'un des multiples chants qu'ils exécutent :

Tagne est pauvre ;
Il est pauvre à cause des jumeaux;
C'est Dieu qui l'a rendu ainsi.
Megne est paresseuse,
Elle est paresseuse à cause des jumeaux ;
C'est Dieu qui l'a rendu ainsi.

On danse aussi le "Nda Nda Kam", danse exécutée exclusivement à la sortie du Chef du La'Kam, car le rite d'initiation des parents de jumeaux est si important qu'il est assimilé au séjour du Chef au La'Kam. Un "Yam", arbre sacré est planté à la fin de cette journée. D'autres le plantent plutôt le Chiekou'ou.

Le quatrième jour, c'est-à-dire le Ntamze, on remplit trois calebasses de vin de raphia: une grande qu'on peut accrocher à l'épaule (Tiep) et deux autres gourdes à long cou (Bà). Mékù et Téku portent au cou un collier d'herbes de bénédiction (doua), et aux poignets deux petits sacs en fibres de raphia remplis d'arachides grillées. Ils tiennent aussi chacun une canne en bambou de chine. Chargée de vin et d'autres cadeaux une petite délégation les accompagne à la Chefferie Supérieure. En cours de route Mékù et Tékù partagent leurs arachides à tout passant qu'ils rencontrent, et le vin contenu dans les deux gourdes à long cou est versé aux différents carrefours (sept) le long du parcours. A la Chefferie, ils sont accueillis par Nwala' nka' qui reçoit les différents colis. Après avoir versé une partie du vin contenu dans le "Tiep" aux dieux du lieu, le Nwala'ka' partage le reste avec la petite délégation, et celle-ci prend le chemin du retour. De retour chez lui, le couple initié remercie la délégation et donne d'autres cadeaux à ses parrains. Le couple fait désormais partie du grand cercle des initiés et, Tékù et Mékù portent à leur cou un collier orné d'un cauris.

Par contre si un jumeau meurt avant cette cérémonie, s'il est âgé de 0 à 5 ans, il est enterré à l'entrée de la concession de son père par un grand magicien nommé Kwamou qui vit du côté de Hiala. Signalons que ce Kwamou est aussi très réputé pour ses " herbes"qu'il associe à celle de Todjom pour faire de tout fils Bandjoun un authentique fils du terroir. Si le jumeau meurt à plus de 5 ans, Kwamou procède à un autre rite et on l'enterre normalement. Cela s'appelle " Tchiacte". Si c'est un Tékù ou une Mékù qui meurt sans avoir subi le rite d'initiation, un autre Tékù initié (pour un Tékù) ou une autre Mékù initiée (pour une Mékù) doit faire un rite symbolique (tchiacte) avant son inhumation.

Etant donné que Bandjoun a sept "Djie" ou provinces et que chacune d'entre elles organise son initiation de façon autonome il ne serait pas surprenant de constater une petite variation d'une province à l'autre.

LE TITIE

En rendant visite à Bandjoun à la femme d'un ami qui vient d'avoir son premier enfant, vous l'avez peut-être trouvée plutôt enfermée avec son bébé dans une chambre, interdite de tout contact avec toute personne étrangère à la famille. Il s'agit d'une situation bien normale : elle est en train de subir le rite "Titie"

Le "Titie" est un rite d'initiation qui trouve son origine dans l'esclavage. En effet, un jour, une esclave eut un enfant. Comme elle était entretenue par sa coépouse alors femme libre, leur mari donna à cette dernière de l'huile de palme pour enduire le cordon ombilical du nouveau-né. Jalouse de l'enfant de l'esclave, la femme libre utilisa cette huile pour préparer son repas, et l'enfant mourut quelques jours après, car son cordon était devenu trop sec.

Lorsque la femme libre plus tard eut aussi un enfant, leur mari une fois de plus s'exécuta. Malgré le soin que la femme libre apporta au cordon ombilical de son enfant avec l'huile reçue, ce dernier mourut aussi. Il en fut ainsi pour plusieurs autres enfants que la femme libre eut par la suite. Inquiet de cette situation, leur mari se rendit chez un voyant et ce dernier lui révéla que les enfants de sa femme libre mouraient à cause de la malédiction laissée par l'enfant de sa femme esclave. Il se vengeait contre ses frères parce que leur cordon était enduit alors que le sien ne l'avait pas été. C'est à partir de cet événement que naquit le "Titie" qui interdit d'enduire d'huile de palme le cordon ombilical de tout enfant né dans cette famille. Pour être plus précis, cette interdiction ne concerne que les enfants des garçons issus de cette famille. Quant aux filles de cette même famille, l'interdiction les frappe aussi, mais les enfants issus d'elles sont épargnés. En effet, une fille mariée fait désormais partie d'une autre famille. Par conséquent ses enfants n'appartiennent plus à sa famille d'origine.

Le rite auquel nous assistons encore aujourd'hui naquit sans doute plus tard en mémoire de ce triste événement (peut-être pour exorciser ce crime). Voici comment il se déroule.

Lorsque la femme d'un homme issu d'une famille où le "Titie" a cours accouche d'un premier enfant (peu importe le sexe), cette dernière se prépare pour ce rite. Sa mère lui achète tous les ustensiles de cuisine à l'état neuf : pots, jarres, corbeilles, paniers, calebasses, marmites etc. Quand vient le début du rite qui a lieu le Ntamze ou le Sèsù, (nom de jour de la semaine dans la langue locale) la mère et son bébé s'enferment dans une chambre et ne parlent à aucune personne étrangère à la famille pendant une semaine. Aucune visite ne leur est aussi permise. Tous les repas de la mère d'enfant sont préparés dans les ustensiles neufs (achetés par sa mère) et elle ne mange pas par conséquent des repas apportés des concessions voisines.

A la fin de cet isolement total qui dure une semaine, on prépare une grande fête, et la mère et son enfant sortent de leur cachette. Tous les membres de la famille et les amis sont invités. Après le festin, on remplit une grosse corbeille de feuilles d'arbre mortes et la pose sur la tête de la jeune mère. Au son d'une musique exécutée par les membres de sa belle-famille qui l'accompagnent avec certains invités issus des familles où ce rite est pratiqué, elle danse en maintenant la corbeille sur sa tête. Après la danse, tous les ustensiles neufs utilisés pour son initiation sont emportés par la coépouse de sa belle-mère.

LE KOU'OP

A la place du "Titie" décrit dans le chapitre précédent, certaines familles pratiquent le "Kou'op". Bien qu'étant aussi rituel, le "Kou'op" est plus simple dans sa forme et prend moins de temps que le "Titie".

Comme le "Titie", le "Kou'op" se pratique après la naissance du premier enfant. Les objets suivants sont préparés pour le rite : un panier neuf, un pot neuf, une calebasse neuve, un fruit noir, une patte de faisan, un peu d'huile de palme et un peu de viande.

Le jour du rite, les beaux-frères ou belles-sœurs de la jeune mère remplissent d'eau la calebasse neuve et mélangent le fruit noir, la patte de faisan et la viande avec de l'huile. La femme à initier s'assoit ensuite avec son mari sous une étagère en bambous, et est alors harcelée longuement par les frères ou sœurs de son mari qui disent: "mère d'enfant, prends ta viande-ci". Puis à la fin, l'un de ses beaux-frères arrache la patte d'oiseau et s'enfuit la jeter champ. Au retour de ce dernier du champ, la femme et son mari sont arrosés sous l'étagère avec l'eau contenue dans la calebasse. Le reste d'eau est utilisé pour laver le bébé. A la fin du rite les beaux-frères ou les belles-sœurs exécuteurs du rite se partagent la calebasse, le panier et le pot. Le "Kou'op" peut également donner lieu à une grande fête dans les familles nanties. Signalons enfin que le "Titie" et le "Kou'op" peuvent se pratiquer quelques mois ou même un an après la naissance du premier enfant, et que rares sont les familles qui ne pratiquent ni l'un ni l'autre rite à Bandjoun.

LE TSEKE

Dans certaines sociétés africaines, à un certain âge tout jeune homme ou jeune fille doit subir un rite d'initiation qui lui permet de "marcher" avec ses pairs ou ses aînés. C'est ainsi que dans ces sociétés, malgré l'âge, le statut social ou la richesse d'un individu, il existe un nom dénigrant pour désigner celui qui n'a pas subi ce rite. A Badjoun, les termes "Pfo nkem" et " Pfo kè" désignent tous ceux qui n'ont pas pu ou n'ont pas encore organisé les cérémonies de leur "Nkem" ou de leur "Tsekè". De même à Baleng, quelque soient votre âge et votre rang social vous êtes appelé "lamtchou" tant que vous n'avez pas subi le rite de "Ngnangnang". Le "Tsekè" à Bandjoun, bien que n'étant pas un rite à proprement parler, peut être assimilé à ces cérémonies qui permettent à un membre de la société de changer de statut social.

La première étape de cette cérémonie c'est le "Nkem". Initialement le "Nkem" est l'ancienne forme de corbeille. En parlant de "Tse Nkem", on assimile alors cette première étape à cette corbeille qu'il fallait bien remplir de vivres pour prouver à la société sa force et sa valeur. La cérémonie de Nkem consiste à préparer des sacs d'arachides ou des tines d'huile de palme (la quantité varie selon les familles) qu'on distribue aux membres de la famille lors de celle-ci. La femme dont le fils est à l'honneur prend les "Msap"* à cette occasion, si non elle le fait le jour même de la cérémonie. Ce jour-là, on prépare du couscous, de la sauce jaune, des boules de pistaches accompagnées de légumes, des ignames et beaucoup d'autres sortes de nourriture de valeur. Tous les sacs d'arachides ou les tines d'huile et la nourriture préparée sont alors disposés devant les frères et sœurs du postulant et, l'un d'entre eux, reconnu pour son impartialité, se charge de leur distribution. Tous ceux qui n'ont pas encore organisé cette cérémonie sont ignorés même s'ils sont présents, on les appelle "Pfo nkem" c'est à dire ceux qui sont incapables d'organiser les cérémonies de leur Nkem. Par contre, tous ceux qui sont absents, mais qui font partie des membres de la famille ayant organisé cette cérémonie, reçoivent leur part de ces vivres malgré l'éloignement de leur lieu de résidence. Dans certaines concessions, tous les enfants en bas âge en reçoivent aussi car ils sont considérés comme de potentiels organisateurs de cette cérémonie. Notons que la cérémonie de "Nkem" comme celle de "Tsekè" est strictement familiale, et ne concerne que la famille paternelle, et que seuls les enfants mâles l'organisent, mais au profit de tous les membres de la famille paternelle (filles et garçons). Etant donné que ces cérémonies s'organisent généralement quand les enfants en question sont encore très jeunes (3 à 15 ans), toute la préparation est faite par leurs mères qui, par ce geste prouvent qu'elles savent aussi "bien tenir la houe".

Lorsque vous avez fini avec votre "Nkem", vous commencez à préparer votre "Tsekè", puisque nul ne peut organiser son "Tsekè" s'il n'a au préalable organisé son "Nkem". Sur le plan financier, le "Tsekè" coûte plus cher que le "Nkem", car on progresse déjà vers la maturité. Pour cette deuxième étape, on commence par partager du sel, de la mesure de "Fegouè Tédjom"*, à tous les hommes qui occupent un tabouret dans la concession. On peut aussi le faire plutôt le jour de la cérémonie si on ne n'a pas pu le faire avant.

Un fegouè dans un kack no'

Un nkem, forme ancienne de la corbeille

Le jour de la cérémonie, on prépare de l'huile de palme, du sel pour les femmes de la concession et beaucoup de nourriture : un gros mortier de taro avec de la sauce jaune est obligatoire. Comme pour le "Nkem", l'un des enfants de la concession reconnu pour son impartialité se charge de la distribution de l'huile et de la nourriture à ses frères et sœurs. Les femmes se chargent elles-mêmes du partage de leur sel. Evidement tous les fils majeurs de la concession qui n'ont pas encore organisé cette cérémonie sont ignorés même s'ils sont présents, ceci pour les pousser à penser à l'organisation de leur "Tsekè".

Après le "Nkem" et le "Tskè", la cérémonie suivante est l'occupation de tabouret dans la concession, avant d'entrevoir une place dans une société secrète de la chefferie. Malheureusement cette règle se trouve de plus en plus violée par ceux qui veulent vite s'afficher au niveau du village.

Un tabouret à trois pieds

LE DJÈ

A Bandjoun, il est courant d'entendre appeler certaines femmes ou jeunes filles "Ngo djè" ou "Moudjè", en signe de respect et d'honneur. Tous ces titres se rapportent au "Djè", un rite autrefois pratiqué à Bandjoun.

Dans les temps anciens et jusque dans les années 1945 environ, le peuple Todjom avait une façon bien particulière de préparer leurs filles au mariage, car il ne fallait pas que la jeune fille se présentât chez elle dans n'importe quel état-chétive par exemple-. Aussi, les jeunes filles qui ne grandissaient pas au rythme normal subissaient un traitement spécial au "Djè" en vue d'accélérer leur croissance et d'améliorer leur beauté, avant leur départ en mariage. Les jeunes filles qui y entraient étaient âgées de 12 à 18 ans, car on avait l'habitude de les envoyer précocement en mariage à cette époque. Il convient de noter que la dot de certaines jeunes filles commençaient dès le berceau, et que quelques-unes d'entre elles étaient même élevées par leurs futurs maris en attendant leur "maturité". En dehors des jeunes filles âgées de 12 à 18 ans, celles âgées de 9 à 10 ans, issues de parents nantis pouvaient aussi être spécialement admises au "Djè" : cela s'appelait le "Djè vop".

Le rite lui-même consistait à aménager une cage en bambous, hermétiquement fermée dans un coin de la case, (qui elle-même n'était constituée que d'une pièce) dans laquelle on disposait un lit pour son locataire. Le séjour au "Djè" allait d'octobre -novembre à avril-mai, c'est à dire sept mois environ, ce qui correspondait à la période où les travaux champêtres ne sont pas trop intenses. Cependant certains parents pauvres en sortaient précocement leurs enfants pour qu'elles les aident lors des travaux de semailles (mars) ; d'autres en sortaient les leurs de temps en temps, voilées, pour cultiver leurs champs. Tout ceci concourait évidemment très souvent à l'échec du rite.

Pour un " Djè" normal, la jeune fille à initier restait "en cage" pendant toute la durée prévue à cet effet et y recevait un traitement similaire à celui d'une femme qui vient de mettre au monde un enfant : des plats de nourriture de toutes sortes préparées par sa mère, les membres de sa famille et les voisins lui étaient apportés à longueur de journées. Beaucoup de maïs était aussi apporté à la mère de l'initiée par les voisines et ses amies. Si une jeune fille était fiancée avant son admission au "Djè", son fiancé ne se lassait de lui apporter de la viande, de l'huile de palme, du bois et beaucoup d'autres cadeaux aux fins de bien l'engraisser. La nourriture lui était servie dans sa cage et elle dormait sur le lit qui y était aménagé. Toutefois, lorsqu'elle se rassurait qu'il n'y avait aucun étranger dans leur case, elle pouvait sortir de sa cage, voilée, pour passer un peu de temps avec ses parents. Mais lorsqu'un étranger se pointait à l'entrée de leur domicile, elle était astreinte de se cacher rapidement, car le regard d'un étranger était considéré comme un danger à la beauté qu'elle recherchait. Elle courait alors le risque de ne pas devenir belle, ou de ne pas grandir rapidement, si elle était vue par un œil étranger lors de son initiation. Le regard d'un homme sorti du "Fam"* était le plus fatal. De temps à autre, sa mère écrasait aussi du "Pe"* pour l'embaumer, car presque tout le monde allait nu. En somme, pour la réussite de cette initiation, la fille en séjour au "Djè" ne devait pas travailler. Ses seules occupations consistaient à manger, s'embaumer et dormir. Au cours de cette période elle était alors appelée "Moudjè".

Comme le malheur peut arriver n'importe où et n'importe quand, malgré tout le bon traitement et la grande attention dont les initiées faisaient l'objet au "Djè", certaines jeunes filles y mouraient parfois. On les pleurait alors en disant : "Moudjè est morte au Djè", tout comme on pleurait tout "Mougueo"* mort au "Fam" en disant : "Mougueo est mort au Fam". La dernière étape de ce rite était une véritable école préparatoire à la vie en couple.

Lorsque toutes ces contraintes et la durée étaient respectées, toutes les jeunes filles sorties du "Djè" connaissaient généralement un réel succès sur le plan physique, avec des joues et des seins bien dodus, des fesses bien arrondies et tout le corps bien reluisant ; ce qui ne laissait aucun mâle indifférent. Tous se précipitaient pour demander leur main, tandis que celles qui entraient au "Djè" étant déjà fiancées ne réussissaient plus à faire attendre leurs fiancés.

Ce rite était si important que même celles qui ne l'ont jamais subi préfèrent jusqu'à présent se faire appeler "Moudjè", car cela était un véritable honneur : honneur pour la famille qui envoyait en mariage une si belle fille, honneur pour le mari et sa famille qui méritaient les faveurs d'une telle femme.

Malgré l'importance de ce rite, il ne résista pas cependant à l'influence de l'école comme bien d'autres traditions africaines. L'école lui fit l'assaut final dans les années 1945, lorsque beaucoup de familles préférèrent l'instruction de leurs filles à leur beauté. Le maquillage, les huiles de toilettes et autres bijoux ne font-ils pas si bien l'affaire ?

LE GHIENG

Dans la société traditionnelle bamiléké, la classe d'âge est d'une importance capitale, car comme dans toute société féodale chacun doit être tenu à sa place. A Bandjoun, cette classe d'âge s'appelle le "Ghieng". Sans être une société secrète, le "Ghieng" est une réunion qui siège au sein de certains quartiers du village. Il s'agit d'une réunion toute particulière qui varie d'un quartier à l'autre

Les jeunes gens (garçons) et même des moins jeunes qui désirent faire partie de cette réunion donnent à leurs aînés et parents qui composent cette réunion tout ce qu'ils leur demandent. Comme pour la plupart des cercles traditionnels, il s'agit des tines d'huile de palme, du sel, du plantain avec de la viande de porc et de l'argent. Cette étape franchie, il reste à montrer aux yeux du village que l'on fait désormais partie de ce cercle.

Si entre deux années de "Kè" ou "Gu kè" il y a eu au moins dix personnes qui ont satisfait aux conditions et ont intégré le cercle "Ghieng", elles sont autorisées à danser le "Kè" encadrées par les aînés du cercle qui leur servent de parrains. Cette danse s'appelle le "Kè' ghieng", une danse réservée aux seuls membres du cercle Ghieng, et qui est une démonstration de force pour les nouveaux membres qui par là, montrent qu'ils ont désormais un mot à dire à leurs parents et aînés. Avant de se présenter au terrain de danse qui s'exécute généralement autour de 16 heures, chaque nouveau danseur nourrit chez lui ses amis et ses parents. Comme le remarque si bien Maillard, le "Kè" est si important à Bandjoun que sans lui Bandjoun ne serait pas : cest lui qui rythme les activités du peuple pendant les années du Kè ou "Gu kè", c'est lui qui sert de repère aux différents événements sociaux, et est un lieu d'étalage des richesses des Wabo, Fo nto' et des nouveaux membres du cercle 'Ghieng'.

Le "Kè ghieng" peut être dansé par n'importe quel citoyen l'ayant déjà dansé au moins une fois et n'importe où.

LE NDO

Chez les Bamiléké, le terme *'ndo'* revient très couramment dans les jurons. Les Bandjoun l'expriment en ces termes : " ka' kui *ndo*" (quelle malchance !). Le *'ndo'* est une malchance causée par les paroles maléfiques d'un défunt. Pour que ces paroles aient des effets, il faut qu'elles aient été proférées par des parents ou des grands-parents à l'endroit de l'un de leurs enfants suite à une offense ou à un manquement suffisamment grave. Par exemple, si un enfant frappe sur son père ou sa mère, et si ceux-ci le maudissent, même de leur vivant, la malédiction peut porter. On est généralement au courant que l'on est une victime du *ndo* en visitant les voyants. Ceux-ci peuvent aussi vous le signaler juste en vous croisant au hasard dans la rue.

Lorsqu'un enfant a l'habitude d'offenser gravement ses parents ou ses grands-parents, ceux-ci peuvent à son insu prononcer des paroles maléfiques à son endroit. Pour se purifier de ce genre de malchance, on fait généralement des sacrifices sur le crâne du défunt. Ce sacrifice peut être soit de la viande de porc cuite avec du plantain, soit du gâteau du maïs pilé avec de l'huile de palme, soit une petite houe spéciale (si le défunt était une femme), un couteau (s'il était un homme), un morceau de tissu, de l'huile de palme, etc. Ceci est déposé sur le crâne du défunt ou à l'endroit où ce crâne est enterré en prononçant ces mots : "Tel (nom du défunt), voici ce que tu me réclames, afin de m'ouvrir la voie ou afin que je guérisse de la maladie dont je souffre". Si le crâne est gardé par un membre de la famille- qui est habituellement le successeur du défunt-, c'est celui-ci qui se charge d'offrir le sacrifice. Dans ce cas, le sacrifice devient plus lourd, car il cesse d'être symbolique. Si c'est de la viande de porc qui est réclamée, on devra en apporter un gigot ; si c'est de l'huile de palme qui est réclamée, on devra en apporter une tine, le surplus du sacrifice devant être consommé par le sacrificateur.

Etant donné que le *"ndo"* provient des paroles maléfiques proférées à l'endroit d'une personne à la suite d'une offense grave, de nos jours, à cause de nos mauvais comportements, certaines personnes ne le portent plus seulement de leurs ancêtres, mais aussi d'autres membres de la société ou des groupes de personnes qu'ils ont volontairement et gravement offensés. Par exemple, si parce que vous êtes très puissant vous arrachez injustement le terrain d'un pauvre, il passera le reste de la vie à proférer des paroles maléfiques à votre endroit, et elles porteront leurs fruits. De même, si vous barrez la route de tout un village avec votre château parce que vous êtes riche et puissant, si tout ce village vous maudit, cela produira ses effets. Le 'ndo' est une croyance très ancrée chez les Bamiléké, et se pratique partout presque de la même façon.

LE NGOP MBEM

Les Bandjoun ont plusieurs façons de laver leur malédiction ou leur malchance. En dehors du lavage par des marabouts et des " Mkamsi"* qui se livrent parfois à des pratiques horribles, l'une des façons les plus simples de laver sa malédiction ou sa malchance ici consiste à jeter son "Ngop bem" dans la concession paternelle.

Le "Ngop mbem" au fait est une poule que l'on jette dans la concession paternelle après une série de malheurs. Lorsqu'on est accablé par de multiples malheurs, si l'on consulte les "Mkamsi" ou les voyants pour en connaître la cause, il y a de fortes chances qu'ils vous demandent si "vous avez déjà jeté votre Ngop mbem ". Un "Nkamsi" peut aussi fortuitement vous inviter à le faire en vous croisant tout simplement dans la rue.

Le terme "Ngop mbem" veut littéralement dire "poule de la chance". On la donne aux dieux de la concession afin qu'ils vous épargnent des malheurs. Voici comment se passe ce sacrifice.

Une fois la poule achetée, l'on se dirige dans la cour paternelle, la poule entre les mains. Les paroles suivantes sont adressées aux dieux et aux ancêtres : " celui qui me demande la poule, la voici" Lorsque ces paroles sont prononcées, la poule doit naturellement voler pour trouver son chemin dans le champ. Lorsqu'elle ne le fait pas, on la jette au sol mais avec beaucoup d'inquiétude que les dieux n'aient pas accepté le sacrifice. Si l'infortuné est complètement indisposé (cas de maladie par exemple) ou s'il se trouve à une trop grande distance de la concession paternelle, son père peut faire ce sacrifice à sa place.

Une fois le "Ngop mbem" jeté, sa prospérité ou sa mort sera le signe majeur qui démontrera si le sacrifice a été accepté ou pas : si la poule pond des œufs et fait beaucoup de poussins, cela est le signe de la prospérité du sacrificateur ; par contre, si la poule meurt- et cela arrive souvent dans les deux jours qui suivent le sacrifice -, ce signe augure de mauvais lendemains. Le père de la famille est la personne la plus indiquée pour manger ou vendre les œufs ou les poussins d'une telle poule. En l'absence du père, tous les membres de la famille paternelle peuvent le faire sauf celui qui a " jeté la poule" ou celui au nom de qui elle a été "jetée".

Chez le peuple Todjom, ce sacrifice est si courant qu'il est rare de trouver un adolescent ou un adulte qui ne l'a pas encore fait ou au nom de qui il n'a jamais été exécuté, car compte tenu du coût modique de ce sacrifice et de sa simplicité, les parents ou les frères du concerné peuvent parfois le faire sans même le tenir informé.

LE SOUA

Lorsqu'on se promène sur les pistes de la région Bamiléké, si l'on s'est levé de mauvais pied, on peut tomber sur une pratique magique qui barre toute la voie. Les pratiquants de cette magie choisissent habituellement les pistes à grande fréquentation pour être sûrs de réussir leur coup. En désespoir de cause, ceux qui ne trouvent pas facilement une piste très fréquentée la pratiquent au milieu d'une route rurale. Cette pratique magique à Bandjoun s'appelle le *soua*. Si en vous promenant ou en allant dans votre champ, subitement sur votre chemin, vous tombez sur une calebasse et/ou un pot en argile brisé en mille morceaux, des œufs de poule brisés sur lesquels sont jetés quelques cauris et des pièces d'argent, vous y voilà ! Vous êtes en face d'un *soua*. Quand cette magie vient de se pratiquer, vous y verrez même de l'eau sortie de la calebasse brisée et de l'huile de palme ruisselant sur les morceaux de pot. Si vous marchez dessus, vous avez porté le *soua*, et devez vous livrer à une pratique similaire pour vous mettre à l'abri de ses désagréments.

Voici pourquoi et comment cette magie se pratique. Un voyant vous croise par hasard dans la rue, et vous signale que vous êtes porteur de *soua*. Vous pouvez aussi être au courant de ce malheur en visitant ce genre de personnes pour d'autres problèmes. Le voyant qui vous signale que vous êtes porteur de *soua* vous dresse, si vous la lui demandez, la liste des objets à acheter pour vous débarrasser de ce malheur. Il ne faut surtout pas lui demander où vous avez porté ce fétiche, car vous pouvez marcher sur le *soua* sans vous en rendre compte. Les plus malins la pratiquent entre quatre et cinq heures du matin, quand les pistes ne sont pas encore fréquentées. Et vous la portez le premier en marchant dessus par inadvertance. Si cela vous est arrivé, vous êtes désormais porteur de tous les malheurs de celui qui l'a exécuté jusqu'à ce que vous vous livriez vous même à cette pratique. Jusqu'à une époque récente, quand les villageois quittaient leur domicile à une ou deux heures du matin pour aller récolter leur maïs ou patates, cette pratique se faisait aux environs de minuit, car personne ne doit vous rencontrer sur les lieux. Si par malheur cela vous arrive, la pratique doit être reprise.

S'agissant de la pratique proprement dite, si vous devez la faire, vous devez vous munir des objets que le voyant a cités afin de vous rendre sur la route ou la piste où votre magie sera exécutée. Et ceci doit être fait à une heure où vous êtes à peu près sûr que personne ne vous verra du début jusqu'à la fin de la cérémonie. Là, vous devez être le plus expéditif possible. Avant de commencer la pratique, vous devez vous tourner en direction de départ vers votre domicile avec les objets en main, c'est-à dire une calebasse remplie d'eau, un pot contenant de l'huile de palme, des œufs de poule, des cauris, des pièces de cinq francs, une poule, etc., et dire ceci : « Je viens laver la malchance qui m'habite depuis que j'ai porté le *soua* ».Ceci dit, les objets sus-cités sont jetés par-dessus vos épaules, et vous rentrez chez vous sans vous retourner, car si vous le faites, c'est un échec.

Un soua : on peut y remarquer des morceaux de pot

Si votre cas est un cas compliqué et que les objets à acheter comprennent une poule, pendant la pratique, qui en langage consacré s'appelle ' le lavage de soua', cet oiseau doit être posé sur votre tête, et doit voler vers l'arrière, c'est-à-dire vers la direction de tous les autres objets de la cérémonie. Si la poule vole vers l'avant ou de côté, la pratique a échoué et devra être reprise. Après avoir 'lavé son *soua*', quelque temps après, l'on doit consulter un voyant pour savoir si tout a bien marché, car malgré sa bonne exécution, votre *soua* peut rater, et par conséquent demeurer sur vous. Si par exemple, tous ceux qui passent par le chemin où vous avez exécuté votre magie la découvrent à temps et l'esquivent, le *soua* reste sur vous. Pire, il est conseillé à tous ces passants de faire des nœuds avec des herbes arrachées le long du chemin et de les jeter sur votre fétiche pour le neutraliser, ou d'y uriner en proférant des paroles maléfiques à l'endroit de celui qui l'a pratiqué. C'est pourquoi, en passant à coté de certains *soua,* on constate qu'ils sont pleins de nœuds d'herbes ou puent d'urines. Comme signalé à l'introduction, le *soua* n'est pas une pratique des seuls Banjoun. C'est une pratique Bamiléké qu'on retrouve dans les Département du Koung-Khi, des Hauts-Plateaux, de la Mifi, les Bamboutos, de la Ménoua, etc, avec juste quelques variances. Chez les Bafoussam par exemple, sur certains *soua* vous verrez parfois une couverture entière.

De nos jours, étant donné la puissance des torches électriques qui permettent de voir ces fétiches à distance et de les éviter à temps, beaucoup de gens, afin d'être sûrs de la réussite, les font dans les cours d'eau ou se font un lavage spécial par les magiciens. Mais, une grande prudence sur nos pistes devrait continuer à s'imposer, car le *soua* est une malchance qui doit absolument habiter quelqu'un. Sait-on si ce ne sera pas vous demain matin ?

LE CHƆP

Le *chɔp* est une cérémonie qui est signalée par les voyants en cas de maladie grave. Il peut aussi être signalé au hasard par un voyant dans la rue ou en le visitant. Dans le langage consacré, on dit généralement qu'on ' creuse le *chɔp*'.

Lorsque cette cérémonie est signalée, l'endroit où elle doit être pratiquée est aussi indiqué. Généralement, le *chɔp* se creuse dans la concession natale. Mais, il peut aussi être indiqué dans la concession des grands-parents. Le magicien qui exécute ce rite doit appartenir à la caste de ceux qui possèdent le *kʉ́*. Le *kʉ́* est une sorte de force mystique que les possesseurs de cette magie ont dans les mains. Cette force permet, en crachant légèrement dans les mains et en les frottant continuellement l'une contre l'autre, d'entrer progressivement dans une sorte de transe. Dans la phase de transe, les deux mains se croisent énergiquement, deviennent raides et pointées vers la direction où se trouve l'objet que l'on recherche. En obéissant à cette force et en allant dans la direction indiquée par leurs mains raides, les possesseurs de *kʉ́* retrouvent les objets recherchés. Même si ces objets se trouvent dans une brousse, une forêt, dans le sol ou dans l'eau, cette force permet de les retrouver avec une précision inexplicable. A l'endroit précis où se trouve l'objet recherché, elle jette son maître au sol, et c'est généralement là qu'on le prend.

Comme l'endroit où le *chɔp* doit 'être creusé' est généralement indiqué en des termes tels que « dans votre concession natale » ou « dans la concession de tes grands-parents », sans indication précise sur le lieu de la pratique, c'est avec le *kʉ́* que l'on retrouve cet endroit. Le *kʉ́* peut donc traîner son maître à la recherche de cet endroit dans les champs sur des distances considérables. Il n'est pas rare que, dans cette quête, le *kʉ́* balance son maître sur des bananiers ou des souches de raphia afin de le jeter à terre à l'endroit où l'on doit creuser le *chɔ̀p*. S'il le jette n'importe où, c'est là qu'il doit être exécuté, même si l'on se trouve dans une cuisine ou une salle de séjour. Quand cette force frappe donc son maître au sol, il demande à ceux qui le suivent avec une houe et une pioche de creuser à l'endroit où il est tombé. Si en creusant, on débouche sur un grand creux dans le sol, on dit que le *chɔ̀p* ' a éclaté', c'est-à-dire qu'il a réussi. Le magicien sort alors une poudre de son sac magique, la répand dans le creux et ramasse un peu de terre de ce creux pour la donner à l'intéressé ou aux intéressés s'ils sont présents, et ils la consomment. Si le concerné ou les concernés ne sont pas sur place (puisqu'on peut aussi creuser le *chɔ̀p* d'une personne qui se trouve même hors du pays), la terre sotie du creux lui est expédiée. Si cette cérémonie concerne plusieurs membres de la famille, la terre sortie du creux peut être aussi mélangée au *mvenie* décrit au chapitre précédent.

Le *kʉ́* est très utilisé dans la recherche des crânes des ancêtres abandonnés dans des concessions inhabitées. Une autre façon de retrouver l'endroit où il faut creuser le *chɔ̀p* existe. Il s'agit du *cha´guè*, qui est une sorte de corne d'animal remplie de poudre magique et fermée par une peau d'animal. Tout autour de cette corne sont plantées des plumes d'oiseau. Les magiciens qui utilisent le *cha´guè* le secouent, et comme le *kʉ́*, il les dirige vers l'endroit où se trouve l'objet recherché. A cet endroit, il tourne dans les mains de son maître. Le *kʉ́* et le *cha´guè* sont aussi utilisés pour prédire ou déterminer certains évènements. Par exemple, pour savoir si un mariage marchera ou si un malade guérira chez tel ou tel guérisseur, ces deux pratiques peuvent être utilisées. L'homme possesseur du *kʉ́* expose le problème à sa force en se frottant les mains. Si elles se croisent énergiquement plusieurs fois, il l'interprète comme un signe positif. Dans le cas contraire, elles ne se croisent pas du tout. Le possesseur du *cha´guè* présente le problème en secouant son fétiche. S'il tourne plusieurs fois dans ses mains, il indique un signe positif. Dans le cas contraire, il n'y a pas d'espoir. Avant la mort du possesseur du *kʉ´* ou du *cha´guè*, il le transmet à l'un de ses descendants. Mais, c'est ce fétiche qui choisit chez qui il doit aller, car il ne se donne ni ne se prend par force. Une telle force bien canalisée n'épargnerait-elle pas bien des nuits d'insomnie aux chercheurs de boîtes noires et autres pièces après un accident d'avion ?

LE MVENIE

Très souvent, dans telle ou telle famille Bandjuon, on entend qu'on a 'écrasé le *mvenie*'. Il s'agit d'un rite qui date des temps immémoriaux pour extirper certains malheurs qui frappent les hommes de temps en temps.

Il est exécuté dans une famille en cas de décès d'un de ses membres des suites d'hydropisie, du décès d'une femme enceinte de la famille ou en cas de réconciliation de deux frères de sang après une longue séparation. Ce rite est aussi parfois pratiqué lors de la célébration des jumeaux, le *chiekou'ou,* jour où l'on prépare le *ko'o mhak* (porte symbolique d'entrée dans la concession où l'on célèbre les jumeaux, considérés comme des notables).

Cette cérémonie est exécutée par un magicien du village reconnu pour sa compétence. Dans la cour principale de la concession, sur une large pierre à écraser, il réduit en pâte un mélange d'écorces et d'herbes auquel il ajoute de l'huile de palme. Pour consommer cette potion, chaque membre de la famille concernée est tenu de jeter près de la pierre une somme d'argent qui sera ramassé par le magicien à la fin du rite. Si quelqu'un n'est pas là le jour de la cérémonie, un autre membre de la famille peut contribuer pour lui afin de lui garder sa part de *mvenie*, car en principe, tous les membres d'une famille dans laquelle le *mvenie* 'a été écrasé' doivent en consommer (même ceux qui sont hors du pays). C'est lorsque tous les membres de la famille ont consommé cette potion qu'on est sûr qu'elle est épargnée des malheurs cités plus haut (mort d'hydropisie, mort d'une femme portant un enfant en son sein, séparation des frères de sang).

LE NOUE NGOUE

Le *noue ngoue* est un tribunal suprême où les dieux seuls tranchent les cas. On s'y rend quand on est déçu par le tribunal humain. Ce tribunal est généralement sollicité quand on est accusé d'un crime qu'on n'a pas commis, par exemple du vampirisme, de la sorcellerie, du vol ou quand on est victime d'une calomnie.

En langage consacré, on dit qu'on 'boit le *ngoue*'. Ce jugement se fait dans un grand sanctuaire régional tel que celui situé chez Fodze à Theghem, Télo à Ha ou Tamounock à Hiala. Les deux parties en conflit se rendent au sanctuaire munies chacune d'une calebasse remplie d'eau, en présence des témoins de la région ou du quartier. Un sanctuaire est un lieu très sacré habité par les dieux du village. Il est construit au pied d'un grand arbre, et est constitué de quelques pierres bien alignées en demi-cercle ou en cercle au centre duquel sont posées sur l'arbre deux ou trois grosses pierres. Quelques arbres de paix ou *pfuekeng** sont aussi plantés juste au pied du grand arbre. Le grand arbre est généralement le *yam* ou le *nga'a'*. Le décor du sanctuaire est complété par quelques plantes des bas-fonds aux feuilles rondes et vertes appelées le *mbubue**. Dans les grands sanctuaires, on ne fait généralement que de grands sacrifices.

Un grand sanctuaire chez les Foto (Dschang)

Rendue au sanctuaire donc, chaque partie clame à haute voix son innocence devant les dieux et les hommes, et verse le contenu de sa calebasse au sanctuaire. Après ce tribunal, le coupable est supposé mourir ou tomber malade. On dit que cela arrive généralement sept jours après ce tribunal.

A Bandjoun, une autre possibilité de recourir au tribunal suprême des dieux est l'épreuve de la tortue qu'on appelle le *'nouok tchoue'*. A l'issue d'un tribunal humain dont le verdict n'a pas été satisfaisant pour l'une des parties, ou quand on a été injustement accusé de l'un des crimes ou faits cités plus haut, la partie abusée invite l'autre partie et la population à l'épreuve de la tortue ou *nouok tchoue*.

Au petit matin du jour de cette 'cérémonie', l'accusé qui s'est fait raser entièrement la tête la veille, noue un *bila* (sorte de cache-sexe) autour de sa taille, s'il s'agit d'un homme, et parcourt les pistes du village torse nu en criant son innocence et son indignation. Aux environs de dix heures du matin, tout le village se déporte sur la place de la chefferie ou dans la cour du chef ou d'un notable de la place. Une fois la population installée, les chefs et les notables d'un coté, les deux adversaires se placent au centre, et chacun d'eux parle à la tortue achetée par l'accusé en frappant sa carapace d'un roseau. Voici les termes de leurs propos : « Tortue, si tu sais que je suis coupable de ce dont on m'accuse, condamne-moi. Et si par contre tu sais que j'en suis innocent, délivre-moi. » ou « Tortue, si tu sais que je mens contre tel, prouve-le. Et si tu sais que je dis la vérité, confirme le ».

Dans l'une ou dans l'autre situation, c'est-à-dire en cas de culpabilité ou de mensonge, la tortue, soit ne bouge pas, soit rentre dans sa carapace ou dans les jambes de l'intéressé. En cas de vérité ou d'innocence, le reptile se dirige rapidement vers le chef et les notables, et la foule crie *'woupie'*, pour confirmer l'innocence de l'accusé ou la véracité des dires de l'accusateur. A la fin du tribunal, la tortue est coupée en deux, et chacune des parties rentre chez elle avec son morceau. A la maison, chacun des adversaires fait un trou, y jette ce morceau sur lequel il plante un bananier plantain. Pour mieux confirmer le verdict de ce tribunal, le bananier de l'innocent pousse rapidement pendant que celui du coupable meurt. Le refus de se présenter à ce tribunal pousse directement le village à conclure votre culpabilité.

Du fait de la rareté des tortues et du caprice de certains de ces reptiles, ce genre de justice est en voie de disparition. Dans d'autres villages Bamiléké, d'autres manières de procéder à un tel jugement existent, telles que taper sur un chat ou un chien noir, ou boire le 'cadis'.

LE SOCK NCHIE´

A Bandjoun, lorsque votre épouse ou votre époux meurt des suites d'hydropisie, vous devenez un *'nchie'* ou un paria. Vous ne devez manger aucune nourriture cuite avec de l'eau jusqu'à ce que vous laviez cette souillure que vous a laissée votre partenaire. Il faut donc le faire d'urgence. Mais, contrairement aux autres rites de 'lavage de malchance' ou rites de purification décrits dans ce livre, et qui nécessitent la présence ou l'intervention d'un magicien, celui dont il est question ici est fait grâce aux efforts personnels du concerné.

En effet, selon l'habileté des uns et des autres, le rite en question peut être très simple ou très compliqué. Il s'agit, en effet, de faire l'amour avec une femme (dans le cas d'un veuf) ou avec un homme (dans le cas d'une veuve) chez qui l'on abandonne tous ses vêtements et sous-vêtements et s'enfuit. Il faut donc faire très attention aux tas de vêtements que l'on trouve parfois disposés le long de nos rues. On imagine donc aisément qu'au temps de nos ancêtres, cette fuite ne devait pas immédiatement susciter des soupçons, étant donné que tout le monde allait nu.

Pour réussir un tel acte, on doit être accompagné par un membre de la famille, un ami ou quelqu'un des siens qui se tient non loin du lieu de l'acte avec des vêtements de rechange, si le coup venait à réussir. Cet acte se pose généralement la nuit, afin de donner l'occasion au partenaire porteur du *'nchie'* de s'enfuir de la maison à une certaine heure sous prétexte d'aller se mettre à l'aise. Lorsque le/la partenaire dupé(e) se rend compte qu'il est désormais porteur du *'nchie'*, il sait qu'il doit fournir les même efforts que son/sa partenaire de fortune afin de redevenir pur(e). Et cette chaîne est presqu'interminable.

Dans la légende, au cours des années 1970, il fut signalé dans les pistes des plantations de la plaine du Noun un célèbre *'nchie'* nommé Tato'oche. D'aucuns disaient qu'il venait du coté de Bafoussam où il n'avait pas pu trouver une femme sur qui il pouvait accomplir sa besogne, et était en train d'errer dans les pistes de la plaine à la recherche d'une proie solitaire. Les femmes disaient alors que, si par malheur l'on tombait sur lui, il fallait le saluer en disant : « Ta Dzʉ Ta to', es-tu déjà par ici ? », ceci pour lui signifier qu'on le connait afin d'éviter qu'il ne vous viole. Du côté de Domlo (un quartier de Bandjoun), au cours de la même période fut signalé également un autre *'nchie'* du nom de Taffe. Cette situation alors créa une réelle psychose parmi les femmes qui voulaient se rendre à leurs champs. Il fallait donc s'y rendre toujours en groupe.

De nos jours, à cause de la prudence des uns et des autres, des barrières qui ceinturent la plupart des concessions et à cause des toilettes de plus en plus internes, réussir un tel acte devient très difficile. Cependant, on signale des hommes et des femmes qui, consciemment, offrent leurs services à ce sujet. Ce sont généralement des personnes qui pratiquent une magie puissante ou des personnes en désespoir de cause de la vie.

LE TA NKAP'

Le *'ta nka'p'* est un personnage incontournable dans la plupart des familles Bamiléké. Il s'agit d'un homme ou d'une femme qui n'a aucun lien de parenté avec la famille, mais qui est très important pour la famille.

Ce personnage trouve son origine dans les guerres tribales qui autrefois ravagèrent les villages Bamiléké. Au cours de ces expéditions, des jeunes garçons et filles étaient ramenés comme butin de guerre ou captifs. Par la suite, ils étaient élevés dans les familles des notables ou vendus dans le village ou les villages voisins. Les jeunes filles coûtaient généralement plus chères que les garçons puisqu'elles étaient appelées à donner naissance à d'autres esclaves qui devaient être aussi vendus.

Une fille achetée par un homme devenait donc la propriété de son maître ou son *'nka'p'*, c'est-à-dire son argent. Parvenue à l'âge où elle pouvait se marier, c'est à son maître qu'elle était dotée. Lorsque celle-ci donnait naissance à des filles, elles étaient normalement dotées à leurs parents, mais le maître avait toujours droit à une partie de la dote, et ceci de génération en génération. Le cadeau du maître consistait (et consiste jusqu'à nos jours) en un mouton et de l'argent. On le donne généralement pendant les fiançailles. On peut le donner aussi plusieurs années après le mariage, si l'on ne l'avait pas fait, surtout lorsque l'on fait face
à plusieurs malheurs dans son mariage.

Lorsque le maître reçoit son cadeau, s'il n'est qu'un successeur –ce qui est le cas actuellement pour tous les *'ta nka'p'*- il fait un sacrifice sur le crâne de son aïeul dont il joue le rôle afin de demander le bonheur et la prospérité pour la jeune mariée. Le *'ta nka'p'* a la latitude de transmettre son pouvoir à qui il veut. C'est pourquoi dans certaines familles, le *'ta nka'p'* est une femme ou même un jeune homme. Dans la société Bamiléké, le respect du *'ta nka'p'* est une pratique encore si vivace que, certaines familles font parfois traverser plusieurs villages à tous leurs futurs gendres à la rencontre de leur *'ta nka'p'* avant le mariage de leurs filles.

LE MARIAGE COUTUMIER

Chez les Bandjoun, dans les temps anciens, le mariage coutumier était assez simple. Il se résumait en quelques étapes essentielles.

Dès qu'une jeune fille intéressait un jeune homme ou un homme, ce dernier ou son père se rendait chez ses parents et leur demandait sa main. Il était beaucoup plus question de l'accord des parents, et spécialement de l'accord du père de la fille que celui de celle-ci. Généralement, la fille à marier n'avait rien à dire. Parfois, toutes les négociations du mariage se faisaient à son insu, puisque la dote de certaines filles commençait dès le berceau.

Dès que les parents de la fille étaient d'accord, le prétendant préparait des fagots de bois qu'il transportait chez tous les membres influents de la famille de la fille. Ces personnes comprenaient les femmes de la concession natale de la fille (la polygamie était de rigueur), ses tantes et ses oncles. Au père de la fille, le futur gendre donnait une calebasse d'huile de palme (l'équivalent de vingt litres d'huile) et lui achetait un habit. Cet habit pouvait être soit une pièce de pagne qui devait servir à faire soit un bila, soit un boubou ou une culotte. Durant tout le temps que duraient les fiançailles, le prétendant aidait aussi son beau-père à attacher sa clôture (tous les Bamiléké jusque dans les années quatre-vingt entouraient leurs concessions de haies vives qui se renouvelaient tous les ans). A la mère, la grand-mère maternelle et paternelle de la fille, le futur gendre donnait ce qu'on appelle le '*yɔ die*', c'est-à-dire qu'il apportait à chacune d'elles deux fagots de bois, une calebasse d'huile de palme et du plantain préparé avec de la viande de porc. Dans certains cas, on ajoute à ces cadeaux une houe ordinaire, un large sac en fibre de raphia, et une petite houe plate qui ne sert que d'objet de sacrifice.

Lorsque toutes les personnes citées ci-dessus étaient visitées avec les différents présents indiqués –et cela durait des années-, la famille du futur mari préparait un grand pot de plantain avec de la viande de porc qu'elle apportait dans la concession natale de la fille. Ce plantain était alors partagé par toutes les coépouses de sa mère, par ses frères et sœurs, et le jour du mariage était fixé. A Bandjoun, le jour où l'on envoie les jeunes filles en mariage reste le *Ntamze* jusqu'à nos jours. Il s'agit du jour qui suit le grand marché selon le calendrier local, car c'est au marché que l'on achète le nécessaire pour les préparatifs de la cérémonie.

Avant de partir en mariage, la jeune fille qui était généralement âgée entre quatorze et seize ans recevait de son père la bénédiction paternelle. Elle consistait -et consiste encore- en un collier tissé avec une espèce d'herbes rampantes appelée le *'doua'*, que le père accrochait au cou de sa fille en lui souhaitant bonheur et prospérité dans son ménage. Après la bénédiction paternelle, la jeune fiancée était accompagnée chez elle par certains de ses frères appelés *'mkə'm'*, c'est-à-dire ses gardes. Parvenus dans la concession de la désormais belle-famille, c'était après de longues négociations moyennant de l'argent que les frères de la jeune mariée livraient leur sœur. Dans la belle-famille, la jeune femme était parfois confiée à une de coépouse âgée pendant quelques semaines, en vue de son éducation matrimoniale avant d'être livrée à son époux.

Les étapes du mariage coutumier décrites ci-dessus sont celles qui avaient cours jusque dans les années soixante-dix. Depuis ces années-là, d'autres façons d'organiser cette cérémonie ont vu le jour, et varient parfois énormément d'une famille à l'autre. Elles continuent d'ailleurs à se compliquer au fil des ans. L'un des changements majeurs est que, depuis ces années-là, la jeune fille a son mot à dire dans les négociations de son mariage. Les fiançailles ne se négocient plus uniquement entre beau-fils ou beau-père et la famille de la fiancée. La fille à marier doit au préalable donner son accord. Tout ne se fait désormais que sur la base de ce **'OUI'**. Très souvent, c'est la fille elle-même qui choisit son futur époux, et le présente à ses parents.

Lorsque les deux fiancés ont donné leur accord aux parents de la fille, dans certains cas, de petits cadeaux sont offerts çà et là à la famille de la fille selon les moyens financiers du futur époux. Certains membres influents de la famille sont visités avec des fagots de bois ou des tines d'huiles de palme comme par le passé. Mais généralement, la plupart des cadeaux, de nos jours, sont donnés en espèces. Contrairement au passé où la durée des fiançailles était relativement longue, de nos jours, cette durée est assez réduite. Dans certains cas exprès, elles ne dépassent pas trois mois.

Le grand jour de la cérémonie du mariage coutumier 'moderne' est celui de l'ouverture de vin ou *'Tchouo' mlou'*. C'est le jour de toutes les fantaisies. Les membres des deux familles (celle du fiancé et de la fiancée) et leurs amis se retrouvent dans la concession natale de la fiancée. Cette rencontre peut avoir lieu le jour comme la nuit, et sa durée est indéterminée. La cérémonie commence par le rituel d'acceptation. Il s'agit d'un questionnement public des deux fiancés, en vue d'obtenir leur accord mutuel solennel. Le père de la fiancée ou l'un de ses oncles lui pose la question suivante : « Tel (nom de la fille), acceptes-tu ce jeune homme-ci (nom du fiancé) comme ton époux ? » Au fiancé, il pose celle-ci : « Tel (nom du fiancé), acceptes-tu notre fille-ci (nom de la fiancée) comme ton épouse ? » Lorsque les deux fiancés répondent chaque fois à ces questions par **'OUI'**, l'assistance pousse de grands cris de joie. Après l'accord solennel des deux fiancés, le père du fiancé donne le 'j'accepte' du père de la fiancée. Il consiste en de l'argent que ce dernier ne reçoit qu'après d'âpres discussions. Certains membres de la famille de la fiancée ont aussi droit au 'j'accepte', qui n'est toujours reçu qu'après de longues négociations. Mais il convient de signaler que, sur ce chapitre comme sur plusieurs aspects du mariage coutumier 'moderne', rien n'est encore catalogué. Lorsque toutes les négociations des 'j'accepte' sont terminées, on passe au scellage du mariage et à l'habillage de la fiancée. Le scellage du mariage est le partage public d'un même quartier de cola ou d'un même verre de vin de raphia par les fiancés, pour signifier qu'ils sont désormais unis et inséparables comme un quartier de cola ou un verre de vin de raphia. S'agissant de la cérémonie d'habillage de la fiancée, il s'agit d'ouvrir une valise apportée par le fiancé, pour en sortir une robe et des chaussures afin d'habiller élégamment la fiancée pour le reste de la cérémonie. Cette valise doit aussi contenir une bonne somme d'argent pour gratifier les membres de la famille de la fiancée chargés de l'ouvrir et d'habiller leur fille. Si non, son ouverture est négociée de la même façon que les 'j'accepte'.

La fille à marier est généralement habillée dans une chambre secrète. Ensuite, il s'organise une autre cérémonie appelée celle de l'identification de la fiancée. Il s'agit d'une mise en scène où la fiancée voilée, accompagnée de plusieurs de ses sœurs toutes aussi voilées défilent devant la belle-famille, qui est appelée à l'identifier avec le voile avant de la dévoiler. Chaque fois que la belle-famille rate son identification et dévoile plutôt l'une de ses sœurs, elle paye une somme d'argent à ceux qui cordonnent cette mise en scène avant de continuer l'exercice. Quand la fiancée est finalement identifiée et dévoilée, drapée dans ses nouveaux habits, les membres de la famille du fiancé entonnent des chants de joie.

L'avant dernière étape de cette cérémonie est la consommation des différents mets préparés par la famille de la fiancée à cet effet. La famille du fiancé apporte de la boisson pour les accompagner. Après le buffet, la fiancée est conduite dans la case paternelle où elle reçoit la bénédiction de son père (à la façon ancestrale signalée plus haut), avant d'être remise définitivement à sa belle-famille. Et désormais dans sa propre famille, elle est considérée comme mariée.

L'OCCUPATION DE TABOURET OU "TCHOUE KOU O'

Dans l'évolution traditionnelle d'un Bandjoun, après le 'Nkem' et le 'Tsekè ', tout jeune homme peut faie partie du Lali *et ensuite de Mwouop* de son quartier. Le Lali est une société de danse guerrière. Il est la propriété d'un Wabo ou d'un prince anobli du quartier appelé "Tadie Lali", c'est-à-dire chef de Lali. Mais avec le modernisme, beaucoup de roturiers sans titre de prince ou de Wabo sont de plus en plus autorisés par le Chef Supérieur à créer cette danse chez eux en acquérant le titre de Souop. Quant au Mwouop, c'est une société regorgeant en son sein la jeunesse ouvrière qui siège dans presque tous les quartiers de Bandjoun et qui se réjouit en exécutant la danse Mwouop. Après ces deux sociétés (Lali et Mwouop) qui sont des sociétés mineures dans la tradition Todjom, puisque ne comportant aucun secret en tant que tel, tout jeune homme qui dispose de moyens rentre occuper un tabouret dans la concession de sa famille paternelle. D'autres le font avant d'aller au Lali ou au Mwouop.

L'occupation d'un tabouret sculpté en bois et possédant trois pieds est le signe visible qu'un jeune homme est devenu adulte et peut parler face à face avec son père. Chaque fois qu'il sera avec son père, et pendant que celui-ci occupera son tabouret à trois pieds pour lui parler, le jeune homme ne s'assiéra plus sur un tabouret en bambou (signe de dégradation et d'infériorité) pour lui répondre, mais sur le sien. C'est pourquoi l'occupation d'un tabouret dans un milieu traditionnel exige une cérémonie bien coûteuse.

Les objets à utiliser   Deux corbeilles de fegouè

Avant l'occupation d'un tabouret dans leur concession, tout postulant doit au préalable le faire chez ses grands parents maternels. Au sein de la concession de la famille paternelle, tout commence par la distribution aux notables de la famille des boules de sel spécialement préparées et cuites au feu de bois dans des feuilles de raphia taillées et tissées, puis reliées deux à deux dans des écorces sèches de bananier. Seuls les notables de la famille paternelle et tous les hommes et femmes qui y occupent déjà un tabouret reçoivent ce sel. Si le postulant est peu plus nanti, il peut aussi distribuer ce sel à quelques-uns de ses voisins occupant un tabouret chez eux. Il doit bien sûr faire le tour des notables de la famille et des voisins pour distribuer ce sel en signifiant son intention d'occuper aussi un tabouret. Cela se fait de cette façon, car pour vendre cher le droit d'aînesse, chacun entend recevoir son sel chez lui. S'il a été évoqué plus haut le cas de femmes qui occupent aussi des tabourets, c'est parce que, à Bandjoun, certaines femmes sont reines, et que d'autres accèdent à certains grades dans la société "Messù", ce qui leur donne droit à l'occupation d'un tabouret.

Après la distribution du sel, qui par mesure spéciale peut aussi se faire plutôt le jour de la cérémonie, le postulant offre une tine d'huile et une chèvre à son père. Deux tabourets à trois pieds, deux chapeaux, une coupe et une pipe sont ensuite achetés par le postulant. Après la cérémonie, l'un des tabourets restera toujours chez le père du postulant pour qu'il l'occupe chaque fois qu'il rendra visite à ce dernier. L'autre tabouret sera emporté par le désormais digne fils de la famille pour trôner majestueusement à un coin de sa case où il s'assiéra pour recevoir ses hôtes de marque. Il a le droit de multiplier le nombre de ses tabourets par le nombre de cases qu'il possède, s'il y reçoit des invités d'honneur.

La cérémonie proprement dite est organisée dans la cour du père de la famille. Les femmes de la concession préparent du cous-cous, des ignames, et du taro. Tous les fils et filles de la concession y sont invités. Dans la plupart des familles, les femmes de la concession sont tenues dans une cour différente de celle où se déroule la cérémonie, et dans d'autres familles seuls ceux qui y occupent déjà un tabouret ont le droit d'assister à la cérémonie.

Le point focal de la cérémonie est fort simple et amusant. L'un des tabourets est disposé au centre de la cour. Le père et la mère du postulant tiennent leur fils par ses deux bras, (le père à sa droite et la mère à sa gauche,) et l'asseyent sur le tabouret. Le postulant doit disposer dans chacune de ses mains un peu d'argent qu'il libèrera à ses parents, une fois mis sur son tabouret. Toutefois le père seul est habileté à exécuter ce rituel au cas où la mère du postulant ne vit plus. Une fois installé sur le tabouret, le postulant reçoit sur la tête et des mains de son père l'un des chapeaux signalés plus haut. Le père garde l'autre pour lui-même ; il allume ensuite la pipe, en tire une bouffée et la tend à son fils pour qu'il en fasse de même, et enfin remplit la coupe neuve de vin de raphia, la goûte avant de la lui donner pour qu'il la vide. Après ce rite, la coupe neuve et la pipe reviennent évidemment au père. Tous ces gestes signifient que le fils est à peu près l'égal de son père et de ses oncles dans la famille et peut désormais parler avec eux, assis sur son tabouret.

Une scène d'occupation de tabouret : le père de la famille est assis à gauche avec deux de ses fils postulants.

Après ce rite qui peut être assimilé à un rite d'intronisation, suit le partage de sel et d'huile préparés à cet effet, par le postulant. Tous les membres de la famille présents en ont droit, et les parts des membres influents mais absents, leur sont envoyées. Cette fête s'achève par le partage des différents mets et boissons préparés pour la cause, dans une grande réjouissance.

L'occupation d'un tabouret dans les milieux des sociétés sécrètes de la chefferie et du village est beaucoup restreinte, et limitée à ces milieux. Mais elle coûte parfois beaucoup plus chère que celle décrite ici. Les tabourets à quatre pieds sont exclusivement réservés au Chef supérieur, aux Mkamvu', Wabo, Souop, Fo nto', certains Mwala et princes anoblis. Ceux sur lesquels sont sculptées des panthères sont exclusivement occupés par le Chef Supérieur, les Fo nto' et les Wabo, car ces panthères symbolisent leurs totem

Un trône royal					Des tabourets en attente des postulants

Le "Tchap" est un autre type de tabouret qui nécessite une cérémonie avant son occupation. Il s'agit d'un tabouret en bambous minutieusement décoré avec des minces et fins bambous des bas-fonds. Ce tabouret comme celui sculpté nécessite beaucoup de temps de travail et d'adresse. Il est occupé par des gens qui sont membres d'au moins deux ou trois sociétés secrètes de la chefferie.

En somme, l'occupation d'un tabouret au sein de la famille ou d'une société secrète est d'une importance si capitale que c'est avec beaucoup de fierté et d'orgueil que ceux qui l'occupent s'y asseyent pour marquer leur supériorité dans leur concession ou dans les milieux indiqués.

Un tchap

LE NTCHIE

Dans la concession de certains notables, le toit de la case principale, et parfois celui d'autres petites cases, sont soutenus par des poteaux. Il ne s'agit pas d'un simple support car ces piliers sculptés ou non et appelés " Ntchie", se rencontrent aussi bien sur des vieilles cases que sur des neuves.

Nul n'a le droit de soutenir le toit de sa case avec ces poteaux s'il n'appartient pas à une classe de notabilité bien précise. Seuls les Fo Nto', Mwalà, Mkam vu', Souop, Wabo et certains princes anoblis ont le droit de mette ces poteaux sur leurs cases. Toutefois certains roturiers ayant avancé dans certaines sociétés de la chefferie peuvent aussi soutenir le toit de leur case avec des " Ntchie".

La grande case de la Chefferie Supérieure Bandjoun
supportée par des ntchie sculptés

Le nombre de 'Ntchie' varie d'une case à l'autre, et cela n'est ni un fait de hasard ni dû au manque de poteaux. Le nombre varie en fonction du grade de leur possesseur. Plus on est avancé en grade, plus on a de " Ntchie" sur sa case, moins on est avancé, moins on a ces poteaux sur sa case. Les plus moins avancés peuvent avoir parfois seulement quatre "Ntchie" sur leur case, plantés aux quatre angles de la véranda.

LE VEUVAGE

A Bandjoun, lorsqu'un homme meurt, sa (ses) femme(s) doit (doivent) subir le rite de veuvage. Nous distinguons ici trois catégories de veuves : la veuve d'un simple citoyen, la veuve d'un homme membre du la société "Gnie" * et la veuve d'un homme du cercle "Mkam vu". En général, le rite de veuvage consiste pour la femme du défunt à rester à la maison pendant un certain temps, à subir certaines initiations, afin de reprendre ses activités quotidiennes. Voici comment ce rite s'exécute dans les différentes catégories sus-citées.

Lorsqu'un citoyen ordinaire meurt, sa femme (comme celle de tout autre homme) est appelée ici "Pfock" * ou veuve. Mais le rite est plus simple chez cette catégorie de femmes que chez les femmes des hommes faisant partie des sociétés secrètes ou" Mkem". Si le défunt était seulement membre de la société "Lali"* ou membre d'aucune société, en mémoire de son mari, après le deuil, la veuve peut rester chez elle une ou deux semaines avant de vaquer à ses occupations quotidiennes.

Les choses sont un peu plus compliquées lorsque l'homme mort faisait partie de la société "Gnie" le rite de veuvage ici dure sept semaines. Tout commence le jour même de l'inhumation du défunt. Il convient de rappeler que jusqu'à une date très récente (les années 1970 et 1980 environ), les morts à Bandjoun étaient enterrés juste quelques heures après leur décès. Une fois le mort enterré donc, sa veuve reçoit à boire dans un bol des mains d'un membre gradé de la société "Gnie" dont faisait partie son mari : cela s'appelle "Tchouop". Et dès cet instant, elle peut manger, car de la mort jusqu'à l'enterrement, les membres de la famille ne doivent rien boire ni manger (aujourd'hui avec la garde des corps à la morgue cette pratique n'est plus respectée à la lettre). Le même membre qui donne à boire à la veuve lui donne ensuite une canne en bambou, laquelle sera jetée au lieu du deuil d'un autre membre de la société "Gnie" qui surviendra autour de cette période. Ce deuil peut bien tarder à survenir, augmentant ainsi le supplice de la veuve ou des veuves. Quand il survient enfin, elle y va accompagnée par le fils aîné du défunt, son frère ou seule si ce dernier n'avait pas d'enfants ou de frères. Au lieu du deuil, elle fait un tour de deuil en marchant derrière la (les) veuve(s) du défunt et disparaît en jettent dans la concession de ce dernier le bâton maudit, une fois en route. Il s'agit d'un véritable bâton de malheur dont on doit vite se débarrasser. Le jour où le deuil finit, la veuve est rasée par un membre gradé de la société "Gnie" ou "Nkam Gnie", cela moyennant argent et autres cadeaux. Si ce membre ne peut le faire jusqu'au bout, il pose la lame de rasoir sur la tête de la veuve, en coupe quelques cheveux, et laisse n'importe qui continuer le rasage. Nous sommes encore le jour où le deuil finit, c'est-à-dire une semaine environ après la disparition du mari.

Après le rasage de la tête, pendant une période sept semaines, la veuve ne doit ni quitter la concession de son mari, ni enjamber un billon, ni porter une calebasse, ni cultiver, ni saluer une personne portant une corbeille. Cependant elle peut faire sa cuisine. Sa mère ou d'autres membres de sa famille doivent lui porter secours à cet effet. Son habit pendant cette période est une robe blanche qui sera remplacée ensuite par une autre robe bleu-foncé pendant une période d'un an après que la veuve aura jeté sa canne en bambou au deuil d'un autre membre de la société "Gnie". Mais la veuve peut aussi continuer avec les deux robes (blanche et bleue). Cette période de sept semaines au cours de laquelle la ou les veuve(s) se lave(nt) au ruisseau tous les matins s'achève par le 'Pɔ̌', sorte d'exorcisme pratiqué par les "Mkam gnie" ou les grands membres de la société "Gnie". C'est le "pɔ̌" qui permet à la veuve de reprendre ses activités normales. La famille du mari prépare ce rite en achetant des fagots de bois pour ses exécuteurs, un pot, un panier (Kack no') un couteau à double tranchant et un plantoir, le tout à l'état neuf. Si la famille du défunt est incapable d'acheter tout ce matériel, il est acheté par la veuve. Un bon repas est aussi préparé pour clôturer le rite.

Le rite lui-même consiste pour les "Mkam gnie" à faire un petit billon près de la clôture à l'entrée de la concession du défunt. Sur ce billon, ils plantent toutes sortes de cultures pratiquées dans le village. Après avoir ensemencé le petit billon, le pot et le panier sont percés au fond et superposés à un bout du billon, l'ouverture contre le sol. Par le trou qui est fait sur le panier et sur le pot, et qui s'harmonise une fois les deux ustensiles superposés, le couteau est profondément planté dans le sol du billon, laissant son manche dehors.

Un pɔ̌ en saison des pluies : on peut y voir le kack no' et le couteau

Quant au plantoir, il sert à initier la veuve aux travaux des champs. Cela s'appelle 'Souop Pou Si' et se passe de la façon suivante : la veuve tient le plantoir de sa main droite et, lui serrant le poignet, un "Kam gnie" l'aide à planter l'instrument sept fois dans le petit billon. C'est ce plantoir qui lui servira plus tard aux travaux des champs. Après cette étape, la veuve est conduite au champ où, lui serrant le poignet, les "Mkam gnie" lui font traverser un ruisseau 7 fois, toucher une feuille de bananier 7 fois, avant de la lui faire couper ; ils lui font également enjamber un billon 7 fois et lui posent une calebasse 7 fois sur la tête. De retour à la maison, les différents plats préparés sont servis aux exécuteurs du rite, et ces derniers se partagent ensuite le bois apprêté pour eux. Désormais, la ou les veuve(s) peut (peuvent) vaquer à ses (leurs) occupations quotidiennes.

Quant au rite de veuvage de la (les) femme(s) d'un homme du cercle "Mkamvù", il dure 9 semaines, c'est-à-dire deux semaines de plus que celui de la (les) femme(s) d'un homme de la société "Gnie". Le terme "Mkamvù" ici ne désigne pas seulement le conseil des neuf notables supérieurs (à savoir les Kuipou, Defo ou Tabue), mais il s'étend aussi à d'autres grands notables du village tels que les Mwala', Souop, Wabo, Fo nto et Mkam gnie. Le rite ici est presque similaire à celui pratiqué aux veuves des membres de la société "gnie". Il y a juste quelques complications et modifications çà et là.

Comme chez les veuves des hommes de la société "Gnie" les veuves des "Mkamvù" reçoivent leurs première initiation le jour même de l'inhumation de leur mari, c'est-à-dire qu'elles reçoivent à boire dans un bol des mains d'un "Nkam vu" après l'enterrement de leur époux. Du même homme, elles reçoivent ensuite chacune une canne en bambou, laquelle sera jetée au deuil d'un "Nkam vu" survenu autour de la période de la mort de leur mari. Tout se passe exactement ici comme chez les veuves des hommes de la société "Gnie". Il est plus approprié de parler ici des veuves d'un homme de la société "Gnie", ou "Nkam vù" car il était assez rare autrefois de trouver un homme appartenant à cette classe sociale avec une seule femme ; elles se chiffraient parfois en dizaines.

Dès que les veuves sont initiées à la nourriture ou "Tchouop", on construit à chacune d'entre elles une petite plaque en bambous de 20 à 30 centimètres appelé 'Pack ndeng' ou 'Pack yo' qui leur sert de lit, et elles cessent de se coucher sur des feuilles sèches de bananier. Se coucher sur des feuilles sèches de bananier est la règle ici pour les membres de la famille lorsqu'il y survient un décès.

Une semaine après la disparition de leur mari, les veuves sont rasées par les "Mkam vu" de même que tous les membres de la famille, et leur

"Pack ndeng" sont brûlés et remplacés par le "Pack la". Le "Pack la" comme le "Pack ndeng" est aussi très mince, à la seule différence qu'il a la forme d'un lit. Les femmes ayant fait cette expérience s'en plaignent terriblement car même enceintes, elles doivent se coucher uniquement sur ces "lits". L'étape du "La" dure jusqu'au terme des 9 semaines. Pendant tout ce temps, les veuves sont astreintes à ne pas quitter la concession de leur mari, à ne pas couper de feuilles de bananier, ni cultiver, ni saluer quelqu'un portant une corbeille, ni traverser un billon ou un cours d'eau. Tout ce qu'elles peuvent faire, c'est de s'occuper de leur cuisine. Avec tant de contraintes, tout comme chez les femmes des hommes de la société "Gnie", des membres de leurs familles leur viennent généralement en aide.

Lorsqu'un homme du cercle "Mkam vu" meurt au cours de cette période, les veuves vont à son deuil pour jeter leurs cannes en bambou afin de s'en fabriquer elles-mêmes chacune une autre (toujours en bambou) qu'elles utiliseront durant toute l'année de veuvage. Etant donné que le cercle des "Mkam vu" est un cercle très restreint, ici l'attente d'un deuil est bien sûr parfois très longue. Ce rite s'achève aussi par le "Pŏ" qui s'exécute de la même manière et avec les même instruments que chez les veuves d'un membre de la société "Gnie". La seule différence est que les veuves ici touchent à tout objet neuf fois au lieu de sept.

Après la mort de la (des) femme (s) d'un homme à Bandjoun, en dehors du deuil qu'il doit organiser en homme digne, ce dernier ne subit aucun rite contraignant, car les contraintes du rite de veuvage chez les femmes sont dues au fait que dans cette société, seul l'homme participe aux sociétés secrètes qui donnent lieu à des pratiques sur ses femmes   Sacrées coutumes !

LE MESSOH

Le "Messoh" est sans conteste le rite le plus redouté à Bandjoun, car tout le monde l'attend, le craint et le respecte. Mais personne, ni même les maîtres exécuteurs de ce rite n'avouent le maîtriser. Il s'agit en somme d'un phénomène qui dépasse toute logique et qui doit être respecté tout simplement si l'on veut éviter un malheur à soi-même ou au peuple Todjom tout entier, car si l'on ne le respecte pas, en cas de blessure, cette dernière ne guérit pas ; et en cas d'accouchement, le sang coule à l'excès.

Parler de ce rite relève tout aussi d'un tabou, car presque toutes les langues hésitent à se délier comme si le "Messoh" lui-même était caché dans l'ombre pour punir tous ceux qui en parleraient. Tout ce qui suit n'est donc par conséquent que le bout de l'iceberg dans cet océan de mystère. Après avoir fait le tour de plusieurs maîtres exécuteurs de ce rite, je n'ai pas pu obtenir plus d'informations que celles que vous allez lire. Énervements par-ci, insultes, intimidations ou silence par là ! Tout cela aussi traduit le caractère mystérieux du phénomène "Messoh".

Le "Messoh" est un rite qui se pratique tous les deux ans à Bandjoun. Il débute entre mi et fin décembre et s'achève entre mi et fin juin au cours des années dites "Gu kè", c'est à dire les années de 'Kè'. Le 'Kè' lui-même, bien qu'il soit interprété comme une danse très populaire, veut tout simplement dire magie. L'année de 'Kè' est donc une année au cours de laquelle il faut purifier le village de toutes les souillures et malédictions accumulées pendant les deux précédentes années, et cela au moyen d'une magie très forte, ou mieux d'un exorcisme puissant ponctué par des réjouissances populaires dans tout le village.

Les maîtres exécuteurs du "Messoh" appartiennent à une caste bien précise et se succèdent de père en fils. A Bandjoun, cette caste est la propriété exclusive des populations de Ndeng-Mbem, localité située à deux kilomètres environ de la chefferie supérieure. Cela s'explique par le fait que les trois grandes familles qui constituent Ndeng-Mbem à savoir Dzu Talom,

Dzu Wagne et Todjomdjo sont venues d'ailleurs avec cette "magie"- comme beaucoup d'autres grandes familles de Bandjoun-.

Les pères fondateurs de "Messoh" sont au nombre de dix, mais lorsque le "Messoh" fait une apparition publique, ses membres sont entre quinze et vingt. Et ils ne sauraient être en deçà de ce nombre. Le "Messoh" à proprement parler est un rite aux règles très strictes. Il comporte deux phases importantes de onze jours chacune qui se déroulent dans une obscurité totale, c'est à dire au moment où la lune n'apparaît que vers quatre heures du matin. Dans le calendrier local, il commence le Sèsù et se termine le Zemto. Pendant ces onze jours, (à savoir Sésù, Gosuo, Dzemto) Ntamgo, Tiepfo, Chiekou'ou, Dzedze, Ntamze, Sésù, Gosuo, Zemto, aucune femme ne cultive dans tout le village. C'est la raison pour laquelle cette période est attendue avec beaucoup d'anxiété. Pour éviter trop de souffrances à la population, le Zemto, c'est à dire trois jours après le début du rite, les femmes sont autorisées à utiliser uniquement le plantoir dans leurs champs, mais elles ne sont autorisées à y travailler à la houe que le Gosuo, c'est à dire le dixième jour et la veille de la fin du rite.

Quand le rite commence, on dit que le "Messoh" est arrivé, et la nouvelle se répand dans tout le village afin d'éviter aux populations d'enfreindre les lois du rite. La nuit au cours de laquelle il arrive ou part est un véritable supplice pour les populations de Ndeng-Mbem, car tout le monde ici doit s'enfermer à sept heures du soir et n'ouvrir ses portes que vers cinq heures du matin. On dit que le "Messoh" est arrivé parce que même les maîtres exécuteurs de son rite l'attendent avec la même impatience que tout le monde, ignorant totalement jusqu'au jour où il arrivera. Heureusement qu'il est toujours arrivé. Il se raconte qu'il vient du côté de Sèdembom, chefferie vassale située à une dizaine de kilomètres de la chefferie supérieure où il a une forêt sacrée appelée "Vo Messoh". Qui est-il, qu'est-il exactement ? Nul ne saurait le dire, et ne le dira peut-être jamais. Il se raconte que deux jeunes gens curieux tentèrent une année de découvrir exactement ce que c'est.

S'étant fait attachés dans deux fagots de paille et disposés le long de l'itinéraire de "Messoh" à l'approche du jour où il devait arriver, ces deux jeunes décidèrent de percer son mystère afin d'en témoigner avec exactitude. A leur grande surprise, à une heure très tardive de la nuit, ce furent des moutons et des melons qui défilèrent sur le chemin, pendant qu'ils étaient envahis par des fourmis magnans dans la paille. Le matin, agonisant, et avant de mourir, ils apprirent que le "Messoh" était bel et bien arrivé avant de céder l'âme.

Lorsque le "Messoh" arrive donc, les onze jours "d'abstinence" commencent. Deux jours après le début du rite, c'est-à-dire le Dzemto ou jour du marché de la chefferie (petit marché à Bandjoun), les maîtres exécuteurs du rite appelés populairement "Messoh" font leur apparition publique au marché.

Une scène du marché Pète où le Messoh se ravitaille. Il est bien riche afin de permettre au Messoh d'avoir tout ce dont il a besoin.

Habillés de tenue de danse Mwouop, torses nus, entrelacés de lianes sauvages et portant des "Kè nteng"* et des sacs en fibres de raphia, ils apparaissent au marché à la file indienne. Leur itinéraire va du lieu dit Sim kè Deng-Mbem (chez Dzu Wagne où ils font sans doute certaines de leurs incantations), passe par "Vo Messoh"*, petite forêt sacrée à l'état encore pure, descend par son sanctuaire avant de regagner la chefferie de laquelle ils montent pour atteindre le marché Dzemto. Le "Vo Messoh" est si sacré que personne n'y coupe aucun arbre et n'y ramasse même pas du bois mort. Pas même une brindille. En passant près de cette forêt sacrée et du sanctuaire "Messoh", les hommes doivent se décoiffer et les femmes doivent soulever leurs charges de leur tête. On rapporte qu'une reine tenta un jour de ramasser du bois mort dans le "Vo Messoh", mais que dans sa case le bois refusa de brûler, quittant chaque fois le foyer lorsqu'elle tenta de l'y introduire, au point que le chef son mari lui ordonna de ramasser jusqu'à la cendre de son foyer pour accompagner ce bois afin d'aller le jeter où elle l'avait ramassé.

Une fois arrivés au marché Dzemto, les maîtres exécuteurs "Messoh" en font le tour et prélèvent un échantillonnage de tout ce qui se cultive dans le village. Cela se fait dans les différents paniers et corbeilles des femmes, et personne ne doit régimber. Ce geste est même parfois considéré plutôt comme un privilège par les propriétaires de ce paniers et corbeilles ; certaines femmes n'hésitent pas aussi à penser que c'est Dieu qui les envoient vers leurs paniers, car on raconte que lorsqu'ils touchent à une marchandise, elle est vite vendue et bien. Pendant ce tour du marché à la queue leu leu, c'est le respect total mêlé de peur. L'huile et le sel prélevés sont jetés dans un bol sorte de calebasse coupée en deux. Personne ne doit traverser devant eux pendant qu'ils circulent, de peur d'attraper un malheur. Etant donné que le marché Dzemto se fait à deux endroits différents actuellement (Hiala et Pète), depuis sept ans environ, après le marché de la chefferie, ils se rendent au marché de Pète avant de retourner à leur base par le même chemin.

Tous les échantillons de vivres prélevés sur le marché servent à initier tous les jeunes garçons de Ndeng-Mbem dans une cérémonie très spéciale appelée " Tchouop"*, puisque ces jeunes gens sont des potentiels maîtres exécuteurs du rite "Messoh" de demain. Cette cérémonie se passe uniquement la nuit comme la plupart des rites sacrés. Tout garçon de Ndeng-Mbem doit subir ce rite, même celui qui a été élevé à l'extérieur du village, et quelque soit son âge. A côté de l'initiation des jeunes garçons de Ndeng-Mbem (avec les échantillons de vivres prélevés sur le marché), il y a certainement beaucoup d'autres rites cachés exécutés au nom du peuple Todjom tout entier pour sa protection, sa fécondité et sa postérité par les maîtres exécuteurs au "Messoh".

Après l'exécution de tous les rites de la première phase, les femmes regagnent leurs plantations au terme de onze jours "d'abstinence", mais la deuxième phase reste à être exécutée en juin avec les mêmes contraintes. Où le "Messoh" se cache-t-il entre temps ? Que fait-il entre temps ? Personne ne s'aurait le dire, sauf peut-être les maîtres exécuteurs de ses rites.

Pour clôturer cette première phase et donner un coup d'envoi à de festivités multiples dans le village, une danse singulière est exécutée à Ndeng-Mbem. Cette danse unique en son genre à Bandjoun s'exécute sur la place de danse de Dzu Wagane à Sim kè Nden-Mbem. Elle s'appelle le "Guem kè". A la différence de la danse "Kè" que tous les Bandjoun exécutent avec des instruments sacrés cachés dans la cage à musique appelé 'Kià', le "Guem kè" se danse au rythme de trois tam-tams disposés sur la place publique, accompagnés par deux paires de cornes d'antilope encore plantées dans la tête de l'animal et que l'on frappe les unes contre les autres. Cette danse est bien étrange à tout le reste du peuple Todjom, car à Bandjoun, toutes les danses s'exécutent soit sans tam-tam soit avec un ou deux tam-tams seulement.

Tant que le "Guem kè" n'est pas encore exécuté chez Dzu Wagne qui ne porte pourtant même pas le titre de Wabo, notable habileté à organiser la danse "Kè' à Bandjoun, et qui en plus ne dispose même pas de cage à musique où l'on joue les instruments sacrés appelé "Tsegouong", la danse

"Kè" ne peut être organisée nulle part à Bandjoun. Or, la danse "Kè" est un moment de réjouissances très populaires où chaque Wabo ou Moukam étale toute sa richesse, et où tous les jeunes ayant satisfait aux conditions de participation à celle-ci étalent leur joie

L'histoire rapporte que, tentés par les tam-tams de Dzu Wagne (il s'agit de ceux qui servent à jouer le Guem kè et qui datent sans doute de centaines d'années), quelques princes courageux sous FOTSO II tentèrent de les voler pour aller tester leur puissance à la chefferie. Mais une fois le butin déposé à la chefferie, ces tam-tams se mirent à jouer seuls et troublèrent la tranquillité de toute la chefferie pendant des nuits et des jours. Gêné par ces bruits d'un autre goût, le chef renvoya les princes avec les tam-tams à leur propriétaire qui les refusa et demanda de sanctionner le vol. Ce fut lorsque le chef accompagna les tam-tams d'une de ses filles du nom de Ngounoue comme dommages-intérêts que Dzu Wagne les accepta. C'est donc à cause des tam-tams volés que la princesse Ngounoue devint la femme de Dzu Wagne.

Une fois le "Guem kè" dansé chez Dzu Wagne, la deuxième personne en importance à danser le "Kè" à Bandjoun est Moukam Wagne (à kouo), suivi par Foa Dubu (à Hiala) avant tous les autres Wabo du village. Lorsque tous les Wabo du village ont exécuté leur danse de "Kè" dans leurs concessions respectives, pour clôturer ces réjouissances populaires et marquer presque la fin du rite "Messoh", un dernier "Kè" est dansé sur la place de la Chefferie Supérieure appelé le"jio kè"

Cette description quelque peu superficielle du "Messoh" nous permet de comprendre son importance dans la vie du peuple Bandjoun car tant que les premières cérémonies du "Messoh" ne sont pas exécutées, aucun Wabo ne peut danser son "Kè", bref ne peut étaler sa richesse et ne peut faire manger et boire son peuple. Il s'agit d'un événement qui se prépare pendant des années, et parfois pendant toute une vie. L'anxiété avec laquelle on attend le "Messoh" se justifie donc sur plusieurs plans : les femmes qu'il doit libérer pour leurs travaux champêtres, les jeunes de Ndeng-Mbem qui attendent d'être initiés, les Wabo (notables) qui doivent danser leur "Kè" avec leurs fils, les maîtres exécuteurs du rite qui attendent d'étaler leur suprématie et leur puissance sur tout le reste du peuple...car ils sont seuls habiletés à exécuter ce rite. Et tant que le rite n'est pas exécuté, c'est un blocage total dans le village. Il se raconte qu'une fois, pendant qu'on attendait l'exécution de la première phase du rite "Messoh" et que les maîtres exécuteurs de ce rite se faisaient trop prier pour le faire afin de libérer le peuple de l'anxiété, Foa Dubu eut seulement l'intention de danser son "Kè" sans ce rite et se brûla mystérieusement les mains au feu une fois rentré chez lui.

Après la danse de "Jio Kè" sur la place de la chefferie supérieure aux environs de fin mai, la deuxième phase du rite "Messoh" suit en juin. Cette phase qui est similaire à la première (c'est-à-dire avec les mêmes onze jours "d'abstinence") met définitivement fin à l'année de 'Kè' et l'on dit que le "Messoh" est rentré ; il est rentré pour ne revenir qu'après deux ans.

Le "Messoh", on l'attend, on le craint, on le respecte, même si personne ne sait exactement ce qu'il est. Il doit apparaître après chaque deux ans, et il faut qu'il apparaisse à tout prix.

LE Kè'

Maillard (1984 :12) dit que sans le *Kè'* Bandjoun ne serait pas. Mais au lieu d'un regard extérieur et mystico-religieux que pose ce frère missionnaire sur cette pratique, tentons de l'expliquer de l'intérieur. Pour mieux comprendre le *Kè'* chez les Bandjoun, il faut tout d'abord bien comprendre le rite du Messoh et son déroulement décrit dans le chapitre précédent.

Ici, le Kè' se comprend de deux façons : (1) comme une pratique magique et (2) comme une belle danse organisée par les *Mwabo* ou *Moukam*, et les *Mfo nto'*, c'est-à-dire des notables de rang supérieurs chez eux. Comme pratique magique, le *Kè',* à Bandjoun, comme dans la plupart des sociétés du monde se pratique pour deux buts principaux : pour se protéger ou pour nuire à autrui. Les gens chargés de cette pratique s'appellent les *gè kè', kamsi, mkamsi, gè syo'*. En cas d'attaque par un vampire, par exemple, l'homme Bandjoun peut courir chez un *gè kè'* ou *kamsi* pour une protection. En cas de rapt d'une femme légalement mariée, le mari légitime peut également se rendre chez un magicien pour se procurer la magie de la foudre afin de foudroyer son rival. Cette magie est très répandue chez les Bamiléké en général, et les témoignages de son succès sont légions. Certains Bandjoun vont également chez les magiciens en cas de vols répétés et graves dans leurs plantations. Chez les Bamoun, leurs voisins qui habitent l'autre rive du fleuve Noun, ils obtiennent parfois des fétiches capables de retenir leurs voleurs dans leur plantation jusqu'à leur arrivée, même si cela devrait durer des jours. En attendant la venue du maître des lieux, sous l'emprise de la magie qui les y retient, ces malfaiteurs parfois se mettent à labourer / défricher acharnement les champs dans lesquels ils sont venus voler, ou à se lamenter au son de quelques castagnettes ou tam-tams déposés dans les champs par leurs propriétaires à ce propos. Quant au *gè syo* ou membre du *Famla'*, chez les Bandjoun, comme chez les autres Bamiléké, il n'a pour but que de tuer soit les membres de sa famille, ou ses proches pour de l'argent ou le pouvoir. Quand ce dernier frappe, sa victime meurt souvent d'accident de circulation ou subitement. Lorsque le *gè syo*, malgré toutes ses tentatives, n'arrive à frapper personne, il meurt de la même façon que ses victimes. Là s'arrête le côté protecteur ou maléfique du Kè' au niveau de l'individu. Voyons maintenant son côté globalisant et festif.

Le *Kè'* comme danse festive s'exécute tous les deux ans chez les Bandjoun, au cours de l'année dite celle de Kè', gu' Kè'. L'année de *Kè'* ou *gu' Kè'* correspond à celle de Messoh. Comme signalé plus haut, la danse de kè' est organisée par les *Mwabo* et *Mfo nto'*, et s'exécute sur leur terrain de danse ou yo. Comme dans toute société organisée, le kè' se danse sous des conditions bien précises. Au cours de l'année précédant la danse, il faut que les jeunes garçons et certains hommes de la famille du *Wabo* ou *Fo nto'* ou des environs aient subit le rite de *Bubuə'*. Ce rite consiste à faire voir les instruments sacrés qui servent à jouer la danse du Kè' aux initiés, de même qu'à leur faire subir d'autres pratiques propres au milieu des initiés. Le rite du *Bubuə'* appelé *syɔp Bubuə'* se fait moyennant des tines d'huile de palme, de l'argent et d'autres biens en nature donnés au *Wabo* ou *Fo nto'* et la société secrète *Gnie* par les postulants. Lorsque toutes ces conditions sont remplies, c'est-à-dire qu'il y a suffisamment de jeunes initiés qui danseront le *Kè'* cette année-là, la danse de *Mmfe'* se danse en premier lieu avant celle de Kè'. Les deux peuvent se faire au cours du même mois ou à quelques semaines d'intervalle. Dans les rang de *Mmfe'* il y a beaucoup de jeunes munis chacun de deux bâtons taillés dans la moelle de liane de raphia. Habillé de tenu traditionnelle *suo'* comme lors de la danse de *mwouop*, ces jeunes dont certains sont âgés d'à peine sept ans, sont guidés dans leurs premiers pas de danse par des maîtres danseurs qui se placent entre eux par vagues. La danse de Kè' est par contre essentiellement une affaire d'adultes.

Les danseurs de Mwouop

La tenue de danse qui est composée de plusieurs pièces et pèse lourd déjà impose cela. Il s'agit de a même tenu qui sert à danser le Tso. Ses pièces essentielles sont : une cagoule brodée de perles aux larges oreilles richement décorée, qui laisse pendre une large queue ; un boubou en tissu *suo'* ; une large jupe toujours en tissu *suo'*, qui se noue d'abord sous forme de bila, afin de s'élargir sur les bords ; deux lourdes paires de grelots appelés *ndé',* qu'on attache aux mollets. En dehors de cet accoutrement, les membres gradés de la société *Gnie* peuvent ajouter à leur tenue deux paires de queue de cheval qu'ils jettent aux leurs en dansant, une large ceinture brodée appelée *Tap beleng,* et même une large peau de panthère qu'ils accrochent sur leur tête et laissent traîner par derrière.

Un danseur de kè'

Un danseur de Tso

C'est pourquoi à Bandjoun la danse de *Kè'* comme celle de *Tso* est la plus belle et la plus prestigieuse, et les danseurs généralement offrent une fête aux leurs avant d'aller s'exhiber sur la place publique. Lors de la danse du *Mmfe'* et du *Kè'*, en dehors des danseurs, personne n'est autorisée à voir les instruments de la danse cachés dans la cage à musique appelé *kia*. Notons que ces deux danses s'exécutent uniquement le Ntamze à la Chefferie Supérieure, et les Ntamgo et Sèsu chez les Mwabo et Fo nto'. Ces jours traditionnels leur sont consacrés par les ancêtres Todjom depuis les temps immémoriaux. Avant l'apparition des premiers danseurs sur le terrain de danse il est d'abord purifié par un grand magicien pour le bonheur des danseurs et spectateurs. Il s'agit d'un mélange d'herbes écrasées qu'il porte dans une calebasse au long cou ou un pot noir, et répand sur toutes les entrées du terrain de danse et certains de ses points sensibles.

Pour revenir au Messoh évoqué au début de ce chapitre, il convient de signaler qu'à Bandjoun, les danses de Kè' ou de Mmfe ne s'organisent qu'après l'exécution de ses premiers rites, c'est-à-dire lorsque le Messoh est venu et parti, pour revenir pour la clôture de son rite vers mai-juin. Après la danse de Guem Kè' chez Dzu Wagne décrit au chapitre précédent, le deuxième notable à danser son Kè est Moukam Wagne (à Kouo), suivi par Foa Dubu (à Hiala) avant quiconque dans le village. Et lorsque les conditions sont remplies, chaque Wabo ou Fo nto' est pressé de le faire. Mais à cause de l'exode rural et le mépris de certaines de nos cultures par la jeunesse, certains Wabo et Fo nto' attendent de plus en plus longtemps afin de se voir offrir l'occasion d'organiser ces belles danses, occasion pour étaler leurs richesses aux yeux du village.

LA CEREMONIE D'INTRONISATION

Dans la société Bamiléké, lorsqu'un chef traditionnel meurt, le nouveau chef et son adjoint subissent un rite initiatique d'environ trois mois avant d'être intronisés. Le lieu où ils sont initiés s'appelle le *'Lakam'*. A Bandjoun, la durée de ce rite est de soixante-douze jours. La première étape qui dure cinq semaines se déroule chez Tafo Mekui, célèbre notable dont la concession fait face à la tribune de la chefferie supérieure. La deuxième étape de cette initiation se passe au *'Fam sissi'*, l'un des deux lieux très sacrés de la chefferie. Là, deux semaines sont passées au *'Die kwè'* et deux autres semaines au *'Die doua'*.

Le Chef Djomo Kamga (à gauche) et son Adjoint Kue Nokam au La'kam en (2004)

Le Chef Djomo Kamga et son équipe de règne au La'kam

Cette initiation reste si secrète et si sacrée que personne jusqu'à nos jours n'a pu encore percer son mystère. La force de ce rite se justifie aussi dans le fait que chacun de ses maîtres exécuteurs ne connait que son étape. C'est ce qui place le chef au dessus de tous, puisqu'il est le centre de convergence de toutes leurs forces.

Après le rite initiatique, le matin de l'intronisation, le nouveau chef est conduit au palais royal où on lui donne deux jeunes filles comme épouses. Ces deux jeunes femmes sont nommée la *'Koung'* et la *'Djuikam'*. Dans la hiérarchie des femmes du chef, la *'Koung'* est considérée comme sa première épouse, même si ce dernier en avait d'autres avant d'entrer au *'Lakam'*. C'est elle qui dirigent toutes les femmes qui vivent du côté droit lorsqu'on descend dans la chefferie. La *'Djuikam'* est considérée comme la deuxième femme du chef. Elle s'occupe des femmes qui vivent du côté gauche de la chefferie. Après la présentation de ses deux jeunes épouses, le chef et son adjoint sont parés de leurs atours royaux avant de paraître sur la place publique où les attend une foule en liesse. Sur la place de la chefferie (c'est-à-dire au *Sim Dzemto*), comme lors des autres grandes cérémonies du village, tous les trônes des défunts chefs sont exposés. La plupart des chefs traditionnels de la région, voire au-delà, assistent à la cérémonie, afin de lui donner l'éclat et la légitimité qu'elle mérite.

Dès qu'ils sont parés de leurs atours royaux, le nouveau chef et son adjoint sont conduits par les notables sur la place de la chefferie pendant que la foule exécute une danse appelée le *'Nda' nda' kam'*.

L'intronisation du Chef Djomo Kamga le 17 avril 2004 :
Admirez la richesse du décor.

Lorsque ces derniers s'installent chacun sur son trône, les carabiniers ou *'Muedjoung kouo'tse'*, tous en cagoule blanche et vêtus de robe noire, sous la conduite d'un *'Nwala"* ou ministre du chef, encerclent toute la place de la chefferie, puis se mettent à tirer des centaines de coups de fusil. Ces coups de fusil, comme dans les démocraties modernes, sont tirés pour saluer l'arrivée du nouveau chef.

Les membres du Muedjoung Kouo'tse ou carabiniers
défilant avant le tir des coups de fusil

Après la cérémonie de tir des coups de fusil, toutes les sociétés secrètes de la chefferie s'associent et exécutent une grande danse de *'Tso'* appelée *' kouo Tso'*. Pendant cette danse, le nouveau chef est le point de mire. Drapé dans sa tenue de danse, c'est ici qu'il doit montrer à son peuple qu'il est aussi un excellent danseur.

Du fait de la modernisation de tous les évènements, de nos jours, après l'installation du nouveau chef et son adjoint sur leurs trônes respectifs, il y a la lecture d'un certain nombre de discours, et même un défilé des différentes communautés Bandjoun du Cameroun et de la diaspora, avant les tirs des carabiniers. Bref, l'intronisation d'un nouveau chef traditionnel à la tête d'un village Bamiléké est un grand moment de réjouissance populaire pour tous les fils de ce village.

Deux joueurs de tam-tam   Un maque de Lali   Danseuses de Kou'ou

Des danseurs de Lali

Femmes dansant le Mouto'

A Bandjoun, la cérémonie décrite ci-dessus s'organise aussi dans les chefferies de deuxième ou troisième degré, appelées *'Fo nto''*. La différence entre celle-là et celle organisée pour un chef supérieur est que, à l'étape des tirs de coups de fusil, un seul coup est tiré. Le *'Tso'* qui se danse pour clôturer cette cérémonie est aussi de très moindre envergure, car cette danse se limite généralement au niveau du rayon de la chefferie de deuxième ou troisième degré concernée.

GLOSSAIRE

Boundie grande case du peuple qui se trouve au centre de la chefferie supérieure.

Djie Province constituée d'un ensemble de chefferies de troisième degré, placée sous la responsabilité d'un "Kem ta' djie". Bandjoun en compte 7.

Djè Rite autrefois pratiqué sur les jeunes filles de 12 à 18 ans pour accélérer leur croissance et améliorer leur beauté avant leur envoi en mariage. Celles qui le subissaient s'appelaient "Moudjè ou go djè"

Fo nto Chef vassal de 3e degré.

Fam lieu où l'on initie le chef supérieur.ou de 3eme degrè

Gnie Société secrète d'un Wabo ou Moukam. Le chef supérieur et les chefs vassaux en ont aussi.

Kack no' Sorte de panier tissé de paille et de fibres d'osier à intérieur ondulé.

Kè nteng Sorte d'ornement en forme de panier garni de plumes d'oiseaux, porté sur la tête lors des danses Tso et Kè.

Lali Danse de caractère guerrier exécutée surtout par les jeunes, et propriété de certains Souop.

Messù société secrète de femme, propriété d'une princesse anoblie
Meve Femme qui vient d'accoucher.

Mkam vu' Conseil des neuf notables supérieurs avec qui le chef prend des décisions importantes.

Mkamsi Pluriel de Nkamsi, voyant dans la société Bamiléké.

Mkem Nom général pour désigner les sociétés secrètes.

Mmekù Pluriel de Mekù, femme ayant eu des jumeaux.

Mougueo Jeune homme autrefois arrêté et mis au service du chef. Après avoir franchi avec succès plusieurs étapes à la chefferie il en sortait anobli.

Mtéku' Pluriel de Tékù, père de jumeaux.

Msap Sorte de tontine en nature. Elle est organisée par les femmes dans les grandes concessions, et est constituée de mesures d'arachides ou de maïs. Les bénéficiaires les demandent à l'occasion du Nkem ou Tsekè de leurs fils ou à l'occasion d'une naissance dans leur famille.

Mwalá pluriel de Nwalà, ministre du chef. Ces ministres sont au nombre de deux Nwala' ka' et Nwala' si si.

Mwouop Danse populaire organisée dans les quartiers et à la chefferie supérieure lors des funérailles.

Nkem Ancien forme de corbeille. Ce nom désigne aussi l'une des premières cérémonies pour l'intégration sociale du jeune garçon. Il ne faut pas le confondre avec le Mkem

Nwala' ka' Ministre des affaires étrangères du chef.

Pe *Poudre d'acajou dont les femmes se oignaient autrefois pour être élégantes et belles.*

Pfock *Veuve.*

Tchouop *Première nourriture ou boisson consommée dans toute initiation.*

Tedjom *Célèbre vendeur de sel connu à Bandjoun pour ses grandes mesures de sel appelé "Fegoué Tédjom".*

Todjom *Ancêtre du village Bandjoun. Ce nom signifie aussi le peuple Bandjoun à cause d'un mélange de plantes spéciales du même nom dont tout nouveau-né Bandjoun est purgé.*

BIBLIOGRAPHIE

Maillard, B: *Pouvoir et Religion : les structures socio-religieuses de la chefferie de Bandjoun.* Thèse de Doctorat. Procure des Missions, Couvent des Capucins, Fribourg Suisse, 1984.

Tagne Safotso, G. : *Au Cœur des Rites et Coutumes Bandjoun-Peuple Todjom,* Dschang University Press, Dschang, 2001.

Tagne Safotso, G. : *Bandjoun : Un peuple, une civilisation.* Les Editions du CRAC, Yaoundé, 1995.

Oui, je veux morebooks!

I want morebooks!

Buy your books fast and straightforward online - at one of the world's fastest growing online book stores! Environmentally sound due to Print-on-Demand technologies.

Buy your books online at
www.get-morebooks.com

Achetez vos livres en ligne, vite et bien, sur l'une des librairies en ligne les plus performantes au monde!
En protégeant nos ressources et notre environnement grâce à l'impression à la demande.

La librairie en ligne pour acheter plus vite
www.morebooks.fr

OmniScriptum Marketing DEU GmbH
Heinrich-Böcking-Str. 6-8
D - 66121 Saarbrücken
Telefax: +49 681 93 81 567-9

info@omniscriptum.com
www.omniscriptum.com

www.ingramcontent.com/pod-product-compliance
Lightning Source LLC
Chambersburg PA
CBHW021801230426
43669CB00006B/159